SITUACIONES DIFÍCILES EN EL TRABAJO

Cómo Lidiar con los Problemas más Comunes que nos Enfrentamos en el Trabajo y a Poner Límites Correctamente

JAVIER ARQUILLA

Índice

Introducción

Cirugía cerebral: fácil; ciencia de cohetes: un paseo por el parque; control del tráfico aéreo: ¡simple! Dudo mucho que algún neurocirujano, científico de cohetes o controlador de tráfico aéreo esté de acuerdo conmigo en esto, pero creo que la gestión de personas, y especialmente de las difíciles, es el trabajo más difícil del mundo. Nadie te enseña lo que tienes que hacer, hay muy pocos programas de formación y la mayoría de la gente cree que es algo que puedes o no puedes hacer.

Para la mayoría de nosotros, dirigir no es una opción; tenemos que dirigir a las personas, ya sean nuestros empleados, nuestros clientes, nuestros colegas o nuestros seres más queridos. La razón por la que es un trabajo tan difícil es que cada ser humano es diferente. El hecho de que uno tenga éxito en la gestión de uno de ellos no significa que vaya a tenerlo con otros.

Los seres humanos son las piezas más complejas y complicadas con las que tendrás que tratar. Muchos de ellos tienen similitudes, pero cada uno de ellos es diferente y todos funcionan de forma ligeramente distinta. Se dejan llevar totalmente por sus emociones y es poco probable que respondan a ningún argumento lógico.

Cada vez que dirijo un seminario de atención al cliente, ventas o gestión, siempre tenemos una sección sobre la gestión de personas difíciles. De todos los artículos que he escrito y publicado en Internet, la gestión de personas difíciles y la gestión de personal difícil son los más descargados.

Pasé 15 años como gerente tratando con el personal y los clientes y tengo los moretones para probarlo. Comprendo el verdadero reto que supone gestionar a personas difíciles y he escrito este libro para hacer la vida un poco más fácil a los demás. No hay ninguna fórmula mágica, sólo algunas técnicas probadas para gestionarse a sí mismo y gestionar a las personas difíciles. Si consigues entenderte mejor, aumentar tu confianza y utilizar las técnicas, tu vida será mucho más fácil.

Le deseo mucho éxito.

La gente difícil no existe

Es lo que tú dices

"Buenos días, Bob, ¿cómo estás hoy?

'¿Qué tiene de bueno, y por qué estás siendo tan sarcástico? Sabes que estoy hasta arriba de trabajo y que mi espalda se resiente mucho'.

'No estoy siendo sarcástico; todos estamos ocupados y no sé qué le pasa a tu espalda. Creo que sólo estás de mal humor'.

'¡Ser gruñón! ¿Sabes cuánto me duele la mayor parte del tiempo?

Está bien para ti, ¡no tienes mis problemas!"

· · ·

'Crees que tienes problemas, Bob. Déjame decirte algunas cosas - ¡no sabes ni la mitad!'

¿Te suena algo de esto? ¿Has participado en conversaciones como ésta? ¿Quién crees que es la persona difícil aquí? Te oigo decir: "Es Bob, es un viejo gruñón y tal".

Pero, ¿estás seguro de que es Bob quien está siendo difícil?

Supongamos que conoces a Bob. Tiene 59 años y hace tiempo que no se mantiene bien. Perdió a su mujer hace unos años, vive solo y apenas ve a su dispersa familia.

¿Crees que "¿Cómo estás hoy?" era lo mejor que podías decir? En tu mente, sólo estabas siendo agradable y "¿Cómo estás hoy?" es lo que normalmente dices a las personas con las que entras en contacto. Pero quizás podrías haber iniciado la conversación de otra manera.

Podrías haber dicho algo así:

Buenos días, Bob. Apuesto a que estás contento de que tu equipo de fútbol haya ganado anoche.

. . .

Lo importante no es lo que dices a los demás, sino cómo interpretan lo que dices. Sé que es difícil de entender, pero todo depende de su mapa del mundo. Digamos, por ejemplo, que haces un cumplido a un colega. Podrías decir:

"Oye, hoy vas muy elegante, ese traje te queda muy bien". Te responden enseguida con:

'Lo que realmente estás diciendo es que suelo tener un aspecto desastroso y que ya es hora de que me arregle'.

El problema que tienes aquí es que la persona que recibe el cumplido puede tener una baja autoestima. Probablemente crea que su aspecto es un desastre la mayor parte del tiempo y que no merece un cumplido. Tal vez se haya criado en una familia en la que no se fomenta el piropo a otras personas.

Algunas parejas se separan porque uno de ellos da su propio giro a lo que dice la otra persona:

'Lo siento Jill, no puedo visitar a tu familia este fin de semana'. 'Lo que realmente quieres decir, Jack, es que no te gusta mi madre'. 'No, no es eso lo que quiero decir. Tengo que trabajar este fin de semana'.

"¡Apuesto a que lo arreglaste para no tener que ver a mi madre!

Esto puede ser cierto o no, pero tal vez Jack tenga que trabajar y Jill haya malinterpretado totalmente la situación. La ruptura y el divorcio pueden estar en el horizonte por una falta de comunicación.

. . .

El otro reto al que se enfrenta es que los seres humanos se dejan llevar totalmente por sus emociones. Tomemos el ejemplo anterior: Jack afirma con toda lógica que tiene que trabajar el fin de semana. Jill, respondiendo emocionalmente, siente que hay una agenda oculta. Por supuesto, puede que a Jack no le guste su suegra, pero no se trata de eso en este momento.

Joe y el Sr. Smith

Escuchemos una conversación telefónica entre Steve, un empresario, y Joe, un representante de clientes, en uno de sus proveedores:

'Buenos días, FDC Supplies. ¿En qué puedo ayudarle?

¿Cómo puedes ayudarme?

Te diré cómo puedes ayudarme. Puedes hacerme llegar el pedido que te hice la semana pasada. Si no se entrega mañana, puedes olvidarte".

¿Cuál es su nombre y número de cuenta, por favor?

'Me llamo Steve Smith y no sé mi número de cuenta. Mi tienda se llama Smiths en el 24 de la calle principal".

. . .

"Espere y trataré de encontrar su cuenta a partir de su nombre y dirección, ¿cómo se escribe su nombre? "¡S-M-I-T-H! Y podrías moverte, hay gente en mi tienda esperando ser atendida'.

'Voy tan rápido como puedo pero hay muchos Smiths en nuestra base de datos'. '¡Bueno, eso no es culpa mía!'

'Lo he encontrado. Según mis registros, no tenemos todos los artículos en stock para completar su pedido.'

¿Por qué no me lo dijeron cuando hice el pedido? ¡Su servicio apesta!

No es política de la empresa ponerse en contacto con los clientes cuando no tenemos artículos en stock. Te lo dijimos cuando abriste la cuenta'.

'Usted no me dijo eso. Quiero hablar con el director". No puedes hablar con el director, está reunido".

Podría seguir con esto, pero estoy seguro de que es algo con lo que te puedes identificar desde cualquier lado de la conversación. Entonces, ¿quién es la persona difícil aquí?

· · ·

Estoy seguro de que Joe culparía al cliente por ser poco razonable, agresivo, desagradable y exigente. El cliente puede ser todo eso, pero en esta situación, Joe lo hizo diez veces peor. Hay al menos diez errores que Joe cometió con este cliente.

Estos errores echaron más leña al fuego del cliente y empeoraron la situación; es como echar gasolina a una hoguera. Es probable que este cliente haya estado acumulando esta llamada telefónica. Quizá esté estresado, el negocio no vaya demasiado bien o haya problemas en casa.

Todo está en la mente

Me acuerdo de la historia del granjero Tom, cuyo equipo de ordeño se estropeó justo cuando iba a ordeñar sus vacas. Recordó que su amigo Sandy, dueño de la granja de al lado, tenía una máquina de ordeño portátil. Así que Tom se subió a su Land Rover y se dirigió a la granja de Sandy. Mientras conducía, pensaba: "Espero que Sandy me preste su máquina; después de todo, he sido un buen amigo suyo. Tal vez no quiera prestarla, lo que me parece un poco injusto, después de todo, le he prestado cosas en el pasado. Me voy a enfadar mucho con él si no me presta la máquina, después de todo, ¿qué le he hecho yo? Tom se puso muy nervioso y cuando entró en el corral de Sandy, éste le llamó:

"Me alegro de verte Tom, ¿cómo estás hoy?

· · ·

'Estoy bien, y puedes quedarte con tu podrida máquina de ordeñar. Para empezar, nunca quise que me la prestaras".

Antes de que la gente se ponga en contacto con usted, sobre todo un cliente enfadado, pueden estar pasando muchas otras cosas por su cabeza. Esos primeros segundos con usted decidirán la duración del enfado.

En realidad, el enfado no dura tanto: después de unos 20 segundos, los productos químicos del enfado empiezan a remitir. Seguro que has oído el dicho: "Deja que se desahoguen", y eso suele funcionar. Seguramente te has encontrado en la situación de pedir a tu jefe que llame por teléfono a un cliente enfadado y, de repente, el cliente se convierte en el Sr. Simpatía.

En el caso de Joe y el Sr. Smith, el cliente no se maneja bien y el enfado continúa y empeora. Si Joe hubiera utilizado algunas técnicas diferentes y mejores palabras, podría haber hecho la vida mucho más fácil para él mismo, y no para el cliente. No habría convertido necesariamente a este cliente en el "Sr. Simpatía", pero podría haber echado un poco de agua fría a la hoguera y desactivar las emociones del cliente.

· · ·

Por supuesto, no podemos saber por el diálogo anterior cómo era el tono de voz de Joe o su lenguaje corporal. Y antes de que me escribas, ¡el lenguaje corporal sí importa por teléfono! Un día estaba escuchando la radio mientras conducía. El presentador estaba realizando un concurso telefónico y una concursante llamada Wendy estaba al teléfono. Hubo la típica charla previa: de dónde eres y en qué trabajas, una especie de cháchara.

Wendy dijo que trabajaba en el departamento de atención al cliente de una gran compañía de seguros, tratando con clientes por teléfono. El tono de voz de Wendy dejaba claro que era una persona cálida y amable: se la podía oír sonreír por teléfono. En un momento dado, el presentador dijo: "Wendy, si alguna vez llamara a tu empresa para quejarme de algo, probablemente me olvidaría de ello a los pocos minutos de hablar contigo".

Joanne y el Jefe

"Joanne, ¿podrías terminar el informe de la junta directiva para mí esta noche?

'Me llevará un par de horas y esperaba salir a tiempo esta noche'. 'Te lo agradezco Joanne, pero realmente necesito ese informe esta noche'.

· · ·

'Podrías pedirle a Susan que lo haga, sé que no le importaría'.

'Prefiero que lo hagas tú, Joanne, porque siempre lo haces mejor que nadie'.

'Le prometí a mi marido que llegaría a tiempo esta noche, porque queremos salir después'.

'Lo entiendo Joanne, pero en estos tiempos difíciles todos tenemos que poner un poco más de esfuerzo. Sabes que no te llevará mucho tiempo y te lo agradecería mucho'.

Aquí tenemos a un jefe manipulador que no tiene en cuenta las necesidades de Joanne. Sin embargo, Joanne podría haber manejado esta situación mucho mejor siendo un poco más asertiva. Ahora me doy cuenta de que puedes pensar: "Tienes que hacer lo que tu jefe quiere y si te enfrentas a él sólo te complicarás la vida". Es cierto que no siempre vas a ganar, pero te voy a enseñar qué decir y qué hacer para facilitarte la vida en este tipo de situaciones. No se trata de enfrentarse a tu jefe, sino de comunicar tus necesidades y seguir haciendo el trabajo.

Todos nos estresamos

. . .

Estoy seguro de que te sientes identificado con todas estas situaciones, desde cualquier lado de la valla. Hacen la vida difícil, contribuyen al estrés y a todas sus consecuencias negativas.

El trato con otras personas es una de las principales causas de estrés negativo. Continuamente escucho comentarios como:

"¿Por qué quiere que haga eso?

"¿Cómo voy a saber lo que está pensando?" "¿Por qué se comportan así?

Podemos estresarnos mucho cuando la gente no ve las cosas como nosotros. Permíteme dejar algo muy claro: los demás no ven las cosas como tú, o como yo, y puede que nunca lo hagan.

Todos los seres humanos de este mundo son diferentes entre sí; todos somos tan diferentes como nuestras huellas dactilares. Algunos somos muy parecidos y por eso nos hacemos amigos de algunas personas e incluso compartimos nuestra vida con ellas. Sin embargo, como bien sabes, incluso tus amigos más cercanos y la persona con la que compartes tu vida siguen viendo el mundo de forma diferente a ti. Tus clientes, tu personal, tu jefe y tus colegas ven, oyen y experimentan las situaciones de forma diferente a la tuya. No es que hagan o digan algo sólo para molestarte; es sólo su forma de verlo. En cualquier situación a la que te enfrentes, siempre habrá:

Como lo ves tú - Como lo ven ellos - Como en realidad es.

Hay una solución

Usted ha comprado este libro para saber cómo gestionar a las personas difíciles, y eso es lo que va a descubrir. No se trata de golpearles en la cabeza con un bate de béisbol, ni de ponerles veneno en el té, ni de meterles en un cajón y enviarles a Mongolia Exterior. Descubrirás qué decir y desarrollarás la confianza necesaria para comunicar tus pensamientos y necesidades.

Este libro le mostrará:

- Cómo tratar con un cliente difícil.
- Cómo gestionar al personal difícil.
- Qué decir a un jefe manipulador.
- Cómo manejar cualquier otra Persona Difícil con la que se tenga contacto.

Sin embargo, hay que examinar ambos lados de las interacciones que tenemos con otras personas. Tienes que considerar cuál es tu papel en cualquier interacción.

. . .

¿Es usted una persona difícil?

Cuando dirijo un seminario sobre Cómo gestionar a las personas difíciles, suelo decir al grupo: 'Por favor, levanta la mano si eres una persona difícil que crea problemas a los demás'.

Adivina qué: ¡ni una sola persona levanta la mano! Ahora probablemente estés pensando que nadie va a admitir esto, especialmente en público. Pero creo que nadie, de ninguna manera, se considera una persona difícil.

He hecho esta pregunta muchas veces y, de los cientos de personas que han asistido a este seminario, nadie ha levantado la mano. Sin embargo, me hablan de todos los clientes difíciles con los que tienen que tratar, de su jefe manipulador, de sus empleados problemáticos y de los vecinos que no controlan a sus hijos.

Estas cifras no cuadran: tenemos cientos de personas que no creen que sean difíciles y me hablan de cientos de personas que sí lo son.

Por qué es importante

Las investigaciones nos dicen que pasamos el 70-85% de nuestro tiempo de vigilia interactuando con otras personas. Estas interacciones tienen lugar en el trabajo cuando estamos:

- El trato con los clientes.
- Hablar por teléfono.
- Negociar.

- Gestión de personas.
- El trato con los compañeros.
- Asistir a reuniones.
- Entrevistas.
- Realización de calificaciones.
- La formación.

En nuestra vida personal nos relacionamos con maridos, esposas, parejas, hijos, amigos, familiares y vecinos.

Habría que vivir en una isla desierta o ser un ermitaño en una cueva para no comunicarse con otras personas. Los Robinson Crusoe y los ermitaños de este mundo son pocos y distantes. La mayoría de nosotros necesitamos, y queremos, tener interacciones y relaciones con otras personas. ¿Recuerdas lo emocionado que estaba Robinson Crusoe cuando descubrió una huella en la arena y acabó encontrándose con el Hombre Viernes?

. . .

Los seres humanos son criaturas sociales y otras personas son, con mucho, los factores más importantes de nuestras vidas.

Permitimos, y notarás que digo "permitimos", que estas relaciones con otras personas decidan lo felices o infelices que seremos. Es triste decir que muchas de estas relaciones no son buenas, ya sea en nuestra vida personal o laboral. El problema es que no nos comunicamos bien entre nosotros.

Hace poco estuve hablando con un tipo en el gimnasio que trabaja para uno de los principales bancos internacionales. Se quejaba de que odiaba ir a trabajar por las mañanas y que sólo vivía para los fines de semana y las vacaciones. Resultó que en realidad le gusta el trabajo que hace, y se siente bien pagado por él. Sin embargo, sus relaciones con sus colegas eran escasas o inexistentes; parecía conocer a mucha gente difícil.

Cuando le pregunté qué estaba haciendo para resolver esta situación, me dijo que "nada". No creía que pudiera hacer nada al respecto.

Muchos de nosotros podemos empatizar con esta situación, y sabemos que no es un caso aislado. La pregunta es ¿por qué ocurre? ¿Por qué tenemos problemas con otras personas? Creo que demasiadas personas no se comunican bien y tienen dificultades para expresar lo que piensan y sienten.

Investigaciones recientes sugieren que el 80% de las personas que fracasan en el trabajo lo hacen porque no pueden relacionarse bien con otras personas.

La mayoría de las personas no se comunican bien porque no han tenido la oportunidad de aprender buenas habilidades de comunicación. Lo que nos enseñan en la escuela no nos prepara para el mundo en términos de comunicación y relación con otras personas sin educación. Las escuelas se concentran en nuestro coeficiente intelectual y en nuestra capacidad para leer, escribir, calcular y asimilar hechos, cifras e información. No recuerdo que me hayan enseñado a hacerlo:

- Convencer a un empresario para que me dé trabajo.
- Escuchar realmente a la gente.
- Sé asertivo.
- Construir una relación.
- Comprender el comportamiento de los demás.
- Motivarme a mí mismo.
- Ten más confianza.
- Ser más consciente de sí mismo.
- Tratar los problemas de las personas.

Es justo decir que muchas escuelas de hoy en día

abordan estos temas, pero están luchando una batalla cuesta arriba. Muchos niños pasan menos tiempo interactuando entre ellos que cuando yo iba a la escuela. Los niños son llevados y levantados de la escuela por sus padres. Cuando vuelven a casa, pasan más tiempo en su habitación viendo la televisión y usando el ordenador.

Tienen más amigos en Facebook que en persona. Yo pasaba tiempo con mis amigos de camino al colegio y de vuelta a casa.

Cuando llegaba a casa, no podía salir lo suficientemente rápido para jugar con mis amigos. Por supuesto, la vida era diferente entonces, pero nos fijamos en nuestra capacidad para llevarnos bien con otras personas, y en particular con las difíciles.

Cuando somos adultos, tendemos a recurrir a las habilidades de comunicación naturales que podamos tener, y a aprender cosas sobre la marcha.

Sin embargo, muchas personas no tienen habilidades interpersonales naturales y aprenden muy poco a lo largo de su vida. Todos experimentamos esto en términos de malos gerentes y vendedores, mal servicio al cliente y, a veces, relaciones difíciles con colegas y amigos.

. . .

Si estudiáramos a cualquiera de las personas de éxito de este mundo (y eso significa lo que sea que el éxito signifique para usted), a menudo encontrará excelentes comunicadores. Estas personas son capaces de escuchar y comprender, de hacer las preguntas adecuadas y de reaccionar a todas las señales no verbales que cada uno de nosotros envía. Son expertos en venderse a sí mismos.

Lo más importante es darse cuenta de que todos los días de nuestra vida nos vendemos a nosotros mismos, y no pasa nada hasta que lo conseguimos.

Su nivel de comunicación determinará su éxito con los demás: emocional, personal y socialmente. También tendrá un gran impacto en su éxito financiero. Sin embargo, lo más importante es que tu nivel de éxito en términos de felicidad, bienestar emocional o cualquier otra cosa que desees es un resultado directo de cómo te comunicas contigo mismo.

La relación más importante que tendrás es la que tienes contigo mismo.

Identificar a las personas difíciles

¿A quién considera una "persona difícil"? Puede ser alguien que le intimida, manipula, le molesta y le causa infelicidad y estrés. Dicen o hacen cosas que no te gustan o que consideras ofensivas e inaceptables. Y, por supuesto, esto crea problemas en el lugar de trabajo.

Según las investigaciones, cada año se pierden 18,9 millones de días de trabajo como consecuencia directa del acoso laboral, lo que cuesta a la economía británica 6.000 millones de libras. Esto tiene un enorme impacto en la productividad, la creatividad, la moral y el bienestar general de los empleados. Al menos una de cada cuatro personas sufrirá acoso en algún momento de su vida laboral.

Hay toda una serie de comportamientos que podríamos clasificar como difíciles. ¿Cuántos de ellos te vuelven loco?

¡Wow! Menuda lista, y puede que quieras añadir más. Eche un vistazo a la lista y marque los comportamientos que considere difíciles. Puede que diga "todos", pero cuando hago este ejercicio con los participantes en un seminario, todos tienen opiniones diferentes. Algunas personas no consideran difíciles a las personas aburridas, mientras que a otras las vuelven locas. Puede que a usted no le importen las personas poco asertivas, pero otros querrían estrangularlas.

- Agresivas
- Prejuiciosas
- Los fanáticos
- Antagonistas
- Ansiosos

- Estrafalarios
- Apologéticos
- Aburridos
- Argumentativos
- Mandones
- Matones
- Manipuladores
- Resistentes al cambio
- Desordenados
- Zalameros
- Miserables
- Fríos
- Gruñones
- Competitivos
- Negativos
- Denunciantes
- Quisquillosos
- Confrontadores
- Condescendientes
- Confundidos
- Fóbicos
- Desmotivados
- Egoístas
- Desobedientes
- Tímidos
- Avergonzados
- Olvidadizos
- Estresados
- Hostiles
- Tímidos
- Impacientes

- Desafiantes
- Impetuosos
- Poco entusiastas
- Indecisos
- Desinteresados
- Inseguros
- Irrealistas
- Deshonestos
- Insatisfechos
- Intimidantes
- Débiles
- Intolerantes
- Adictos al trabajo
- Faltistas
- Vindicativos
- Mentirosos
- Violentos
- Solitarios

Soy una persona puntual, y siempre tengo problemas con las personas que llegan tarde o no cumplen los plazos acordados. Si alguien dice que me llamará por teléfono en una hora, eso es lo que espero que haga. En cambio, es posible que no tengan ninguna noción del tiempo y me llamen en tres horas. Si mis amigos dicen: "Quedamos en el pub a las 20:00", yo estaré allí a las 19:55. Si eres una persona puntual, entenderás esto. Si no lo eres, pensarás que estoy loco, porque para ti no importa si alguien llega 10, 20 o 30 minutos tarde.

. . .

Veamos algunos ejemplos de personas y situaciones difíciles.

El supervisor del infierno

Es probable que en algún momento de tu vida hayas trabajado para un jefe que no te ha dado más que disgustos, y puede que aún lo hagas.

No te reprenden ni te disciplinan necesariamente, pero te exigen cosas que te resultan difíciles de cumplir.

Una vez tuve un supervisor de ventas llamado John que me hizo la vida imposible. Aprendí mucho de John, principalmente cómo no supervisar a la gente. Recuerdo que en aquel momento pensé: "Cuando me convierta en gerente o supervisor, nunca trataré a nadie como me trata John". Me exigía que le llamara por teléfono todas las noches para contarle cuántos clientes había visto ese día, cuántas demostraciones había hecho y cuántos pedidos había tomado. Mientras yo rimaba las cifras, él hacía comentarios como: "¿Cuántos?" "¿Eso es todo?" "¿Por qué fue eso?" "¿Estás seguro?" "¿Por qué no eres tan bueno como los demás?" "¿Qué vas a hacer al respecto?". Me dijo que, si no mejoraba, probablemente perdería mi trabajo.

Los resultados que comunicaba nunca eran lo suficientemente buenos y los éxitos nunca eran reconocidos. Solía temer las llamadas telefónicas nocturnas y salía de casa cada

mañana con una enorme presión para mejorar mi rendimiento. Naturalmente, esto no me ayudó a vender mejor.
En realidad, sólo era un matón y pensaba que en eso
consistía la gestión y la supervisión.

Según el profesor Gary Cooper, de la Universidad de
Manchester, que ha investigado el acoso en el lugar de
trabajo, "se pasa de un psicópata que ha tenido un problema
en su infancia a otro que, cuando llega a una posición de
poder, cree que si hace que los demás se sientan incompe-
tentes debe significar que él mismo es muy competente.
Suelen ser personas muy inseguras".

Como es de esperar, odiaba este trabajo y pasaba la mayor
parte del tiempo tramando cómo empujar a John bajo un
autobús y cómo conseguir un nuevo trabajo.

También tuvo el efecto de minar seriamente mi confianza.
Aunque llevaba cuatro años en el sector de las ventas, empe-
zaba a pensar que tal vez no era lo suficientemente buena y
que no era para mí. Si hubiera sabido entonces lo que sé
ahora.

Irónicamente, cuando finalmente encontré otro trabajo, el
jefe de John, el Director Nacional de Ventas, me pidió que
no me fuera, ya que decía que yo era uno de sus vendedores
más prometedores.

. . .

La relación desde el infierno

La persona difícil puede ser alguien con quien vives, un vecino ruidoso o tal vez alguien con niños problemáticos.

También puede ser alguien de tu propia familia y muy cercano a ti.

Estuve felizmente casada durante 14 años y infelizmente casada durante uno. En ese último año, todo salió mal. En aquel momento creía totalmente que era mi mujer la que estaba causando el problema. No te aburriré con todos los detalles sangrientos, pero todo se redujo a mi creencia de que el trabajo de mi mujer era más importante que yo. Es un caso bastante clásico, y ahora miro hacia atrás y me doy cuenta de que podría haberlo manejado mucho mejor. Como dije antes, 'Ojalá hubiera sabido entonces lo que sé ahora'.

Ya sea un colega, un cliente o alguien de tu vida personal, lo que realmente ocurre es que la persona difícil ve el mundo de forma diferente a la tuya. Hay personas que deliberadamente quieren hacerte la vida imposible, por razones que sólo ellos conocen, pero son una gran minoría.

. . .

¿TENEMOS TODOS LA MISMA GENTE DIFÍCIL?

Seguro que alguna vez te has visto en la situación de describir a un colega o a un amigo a una persona difícil y que no parece estar de acuerdo contigo ni entender lo que dices.

Hace un par de años recibí una llamada de Steve, un director de atención al cliente que trabaja en el sector del papel. Quería que impartiera un seminario para su equipo sobre cómo gestionar a los clientes difíciles.

Mantuve varias conversaciones telefónicas con Steve, organizando fechas, horarios y llegando a entender su negocio. Si tuviera que describir su estilo por teléfono, utilizaría palabras como comercial, frío, cortante y algo impaciente. Empecé a darme cuenta de que, si yo fuera uno de sus clientes, podría haber sido un poco difícil. Desde luego, conocía su negocio y no creo que fuera una mala persona, pero cálido y amable... olvídalo.

El día que impartimos el seminario, el grupo estaba hablando de sus clientes, y de uno en particular que Steve consideraba extremadamente difícil.

Hablaba de lo molesto que era este cliente, que siempre se quejaba y exigía. Amanda, una de las otras participantes, no estaba de acuerdo. Admitió que este cliente en particular era un poco difícil, pero que se llevaba bien con él. Los demás participantes están de acuerdo con Amanda. Steve se muestra incrédulo; no puede entender cómo los miembros de su equipo no pueden ver lo difícil que es este cliente.

Como te darás cuenta, Steve se complicaba la vida con su forma de tratar a los clientes. ¡Ni siquiera estoy seguro de cómo llegó a ser el gerente! *'Tus clientes mejorarán cuando tú lo hagas'.* - Autor desconocido

No hay tantos, de verdad.

Estadísticamente, sólo un 2% de la población podría considerarse realmente difícil, aunque sé que algunos días piensas que te has topado con todos ellos. Si tienes un problema con una persona difícil, lo que realmente estás experimentando es un *conflicto*, que el diccionario define como: "Estado de desarmonía entre personas, ideas o intereses incompatibles o antitéticos; un choque".

Te hará la vida más fácil si identificas si estás tratando con un conflicto o con una persona realmente difícil. Las personas verdaderamente difíciles son raras y puede que tengas que aceptar que no es algo personal y que simplemente son así. Ya veremos cómo puedes tratar con estas personas, pero puede que lo mejor sea alejarse. El conflicto es personal y puede que tengamos que aceptar que somos parte de la tensión que se crea. Más adelante veremos cómo desactivar esa tensión.

¿POR QUÉ LA GENTE ES DIFÍCIL?

Como he dicho antes, me resulta difícil encontrar a alguien que admita ser difícil. Pero es evidente que probablemente todos hemos sido difíciles para otra persona en algún momento de nuestra vida. Y, por supuesto, existe ese 2% de la población que es realmente difícil. Entonces, ¿cuál es la causa de esta dificultad?

El estrés. Algunas personas se estresan por todo tipo de razones. A menudo se trata de su incapacidad para afrontar aspectos de su trabajo y su vida personal. Tienden a culpar a otras personas y circunstancias, pero la mayoría de las veces tienen las respuestas dentro de sí mismos.

Problemas personales. Es justo decir que la gente a veces tiene problemas que están fuera de su control: una muerte en la familia, la ruptura de un matrimonio o una relación, problemas con los hijos, o pueden tener problemas de salud.

No es competente para hacer el trabajo. En el lugar de trabajo es frecuente que las personas tengan dificultades para hacer su trabajo y para encontrar ayuda.

Aunque no lo admitan, es posible que se sientan inadecuados y expresen su frustración quejándose, siendo negativos y difíciles.

No saben que están siendo difíciles. Algunas personas no son conscientes de cómo las perciben los demás. Creen que su comportamiento es bastante normal y son incapaces de entender por qué algunas personas lo ven de otra manera.

Ven el mundo de forma diferente. Todos vemos el mundo de forma diferente a los demás. Pero la programación de algunas personas hace que se molesten cuando los demás no lo ven como ellos.

Baja autoestima. La falta de confianza en sí mismos y en la propia persona hace que algunas personas se enfaden con el mundo. Creen que los demás quieren perjudicarles y que todo está en su contra.

Hay otra razón clave que hace que algunas personas parezcan difíciles.

. . .

Falta de reconocimiento

Si es usted gerente o jefe de equipo, ¿se siente frustrado por ese empleado difícil que nunca parece hacer las cosas bien? ¿Ese que le quita mucho tiempo y atención? Es muy fácil caer en la trampa de condenar a esa persona como un inútil o un "niño problemático". Pero, ¿te has planteado alguna vez por qué puede comportarse mal? Puede ser que tenga una enorme necesidad de reconocimiento, ya sea físico o psicológico.

La necesidad de reconocimiento del ser humano es tan fuerte que a veces se comporta mal para conseguirlo. Seguro que conoces a los niños que se portan mal en el colegio para llamar la atención; pues bien, los adultos también lo hacen.

Hace algunos años, antes de que muriera, solía recibir llamadas telefónicas de mi anciana madre diciéndome lo mal que estaba. Cuando al día siguiente iba corriendo a verla, la encontraba sana y saludable: sólo quería que la reconociera.

Aunque es vital para el ser humano, todos tenemos una necesidad diferente de reconocimiento, ya sea físico o psicológico. Algunos están muy abajo en la escala, pero otros tienen una gran necesidad de reconocimiento y lo demuestran de diversas maneras. Si diriges un equipo de personas, seguro que hay algunos miembros de tu equipo que exigen más atención que otros. Cuando era jefe de ventas sobre el terreno, me daba cuenta de que algunos de mis vendedores me llamaban por teléfono mucho más que otros. A menudo buscaban ayuda o tranquilidad; a veces sólo querían hablar. Además, sólo necesitaban que les reconociera.

Esa persona de tu equipo que te da todo tipo de problemas que a menudo son difíciles de entender puede estar buscando simplemente reconocimiento. Retirarse o no proporcionar reconocimiento hará que las personas se vuelvan difíciles.

No te castigues

Dejemos claro lo que hemos tratado. Si tú experimentas conflictos y tensiones con otra persona, y otra no, eso no significa que estés necesariamente equivocado.

Puede que te digas a ti mismo:

Esa Mary en mi oficina es un verdadero dolor, me hace las cosas muy difíciles. Todo el mundo parece pensar que está bien, así que debo estar equivocado'.

Si María es una persona difícil para ti, acéptalo; tienes derecho a sentirte como lo haces. No eres igual que las demás personas de tu oficina. Puede que ellos crean que el comportamiento de María es aceptable, pero ven el mundo de forma diferente a la tuya. Algunas personas pensaban que Adolf Hitler era un buen tipo, y estoy seguro de que Osama Bin Laden tiene un montón de compañeros que piensan que es maravilloso.

Sin embargo (y te oigo decir: "¡Aquí viene el gran pero!") si experimentas conflictos y tensiones con otra persona, tienes que cambiar tu forma de interactuar con ella o la forma en que ella interactúa contigo. Puedes decidir no interactuar con ella en absoluto, aunque eso no sea posible si se trata de un colega, un cliente o una vieja madre cascarrabias.

¿Cambiar tú o cambiar ellos?

Hay que decirlo, ¡no vas a cambiarlos hasta que no te cambies a ti! Veamos la parte de cambiar *tú*. No estoy hablando de cambiar tu personalidad, sino de hacer ajustes en tu comportamiento, que te harán la vida mucho más fácil. Para ello, necesitas:

Comprenda su propio comportamiento. ¿Cuál es tu programa de comportamiento dominante? ¿Eliges tú tu comportamiento o son los demás los que lo eligen por ti? ¿Reaccionas o piensas?

· · ·

Tome las riendas de su comportamiento. Elige un programa de comportamiento para afrontar cualquier situación. Sé consciente de los resultados que esperas de ese comportamiento.

Construye tu confianza y autoestima. Debes creer en ti mismo antes de poder interactuar eficazmente con otras personas.

Mejore su capacidad de escucha. El comunicador eficaz escucha más que habla.

Comprenda el impacto de su tono de voz y su lenguaje corporal. A la gente le influye más cómo dices que lo que dices.

Ser más asertivo. Los comportamientos sumisos y agresivos son sus programas incorporados; la asertividad debe aprenderse.

Sé simpático. Es más probable que la gente acepte lo que dices si les caes bien. No pasará nada hasta que te vendas.

Más adelante en el libro veremos algunas técnicas que pueden cambiar o influir en el comportamiento de los demás hacia ti. Pero, en primer lugar, tienes que comprender mejor tu propio comportamiento y el de los demás.

2

Construir un mejor estado de ánimo

UTILIZAR los cinco factores de éxito

Si quiere ser un experto en la gestión de personas difíciles, tiene que desarrollar una aptitud física y psicológica. Las personas que tienen un éxito constante al tratar con personas difíciles demuestran cinco características esenciales. Me gusta llamarlas los Cinco Factores del Éxito:

- Control mental
- Creencia
- Energía
- Compenetración
- Valor

El desarrollo de estos cinco factores no sólo garantizará su éxito en la gestión de personas difíciles, sino que también contribuirá a su éxito en la vida.

1. CONTROL DE LA MENTE

Antes de conseguir cualquier cosa en nuestra vida, tenemos que hacernos cargo de nuestro pensamiento.

Hazte cargo de tu pensamiento y te harás cargo de tu vida.

El pensamiento se refiere a todas esas pequeñas conversaciones que tienen lugar en la mente, todas las miles de cosas que nos decimos a nosotros mismos cada minuto del día. Alguien calculó una vez que tenemos alrededor de 12.367 pensamientos cada día, y aproximadamente el 70% de ellos son negativos.

El otro día recibí un mensaje de voz muy sombrío de mi contable. Decía: 'Alan, necesito que me llames por teléfono por tu situación fiscal'. Yo, por supuesto, como cualquier otra persona normal, inmediatamente pensé lo peor y creí que me iba a costar dinero.

Resultó que la Agencia Tributaria me debía dinero y recibí una bonita rebaja. Pero durante un tiempo me sentí un poco deprimido y aprensivo.

. . .

Tus pensamientos controlan tus emociones y, en consecuencia, tu forma de actuar. Todos los inventos del mundo comenzaron como un pensamiento. Los pensamientos son muy poderosos. Si tienes pensamientos positivos, obtendrás resultados positivos: felicidad, prosperidad, salud y relaciones amorosas. Si piensas en negativo, obtendrás resultados negativos: estrés, enfermedad e infelicidad.

Los pensamientos negativos son demasiado caros

Pensar y hablar negativamente contigo mismo o con cualquier otra persona te va a costar mucho en términos de estrés, pérdida de autoestima, relaciones rotas. También te impedirá conseguir lo que quieres de la vida.

¿Alguna vez te has sorprendido diciendo alguna de estas cosas? 'Va a ser uno de esos días'.

"Estoy cansado". 'Estoy harto'.

'Parece que no consigo hacer las cosas bien'. Estoy perdiendo la paciencia". 'No soy bueno en esto'.

. . .

'¿Por qué no me sale nada bien?' 'Siempre llego tarde'.

'Con mi suerte no tengo ninguna posibilidad'. 'Estoy realmente incapacitado'. "Si pudiera ganar la lotería".

'Si me toca la lotería, me daría muchos problemas'.

Se calcula que el 77% de las cosas que nos decimos a nosotros mismos son negativas, contraproducentes y autodestructivas. Nos frenamos a nosotros mismos. El problema es que estos pensamientos que tenemos en nuestra mente consciente se suman o confirman los programas que ya están en nuestro subconsciente.

Si se te cae algo y dices: "¡Qué torpe soy!", tu mente subconsciente recibe el mensaje y, en efecto, dice: 'Está bien, eres torpe - daré muchas torpezas'.

Las personas que están a punto de hablar frente a un grupo a veces se dicen a sí mismas: 'Probablemente me quedaré sin palabras y me congelaré'.

Su subconsciente lo absorbe y actúa. ¿Qué sucede? Se congelan.

· · ·

Cuando nos encontramos con que tenemos que gestionar a una persona difícil podemos pensar:

Esta persona me va a dar un verdadero problema.

Probablemente se quejará y se quejará, y no podré hacer nada al respecto'.

Si esto es lo que piensas, entonces es probable que eso sea lo que ocurra. La mente subconsciente cree lo que le dices si lo dices con la suficiente frecuencia y fuerza. La autoconversación negativa es muy cara. Te costará muy caro si permites que continúe.

Siempre me fascinan las personas que levantan pesos enormes, sobre todo en competiciones como los Juegos Olímpicos.

Hay pruebas para hombres y mujeres y se suben al escenario para levantar una barra con enormes pesos. A menudo me pregunto qué tipo de cosas se dicen a sí mismos mientras suben y bajan, frotándose las manos con polvo de resina y respirando profundamente. ¿Y si se dijeran:

Eso parece muy pesado, es más pesado que todo lo que he levantado antes. Probablemente se me caerá, haré el ridículo y me lesionaré..."

. . .

¿Qué va a pasar si se dicen todo esto a sí mismos? Su subconsciente dirá:

'Bien, dices que lo vas a dejar caer. Entonces eso es lo que voy a organizar, y trataré de que te lesiones al mismo tiempo'.

Por supuesto, eso no es lo que ocurre. Este levantador de pesas, que ha entrenado durante años para hacer precisamente esto, se grita a sí mismo internamente:

'¡Vas a levantar esa barra y empujarla hasta el techo!

Vas a batir el récord mundial. Vas a ganar esta competición y todo el mundo te verá hacerlo".

En las tareas cotidianas a las que nos enfrentamos en nuestra vida, no deberíamos ser diferentes de estos deportistas. Piensa en cosas negativas y en eso se centrará tu subconsciente. Si piensas en la enfermedad, te pondrás enfermo. Si piensas en pesadumbre, eso es lo que obtendrás. Pero si piensas en salud, felicidad y éxito, ya estás ahí.

Todos nos enfrentamos a situaciones difíciles en nuestra vida y algunos más que otros. Sin embargo, yo me he propuesto ser lo más feliz posible y te recomiendo que hagas lo mismo.

· · ·

Concéntrese en las cosas positivas de su vida: las cosas que puede hacer, no las que no puede. Piensa en lo que has conseguido en el pasado, no en lo que no has conseguido. Mira hacia dónde vas, no dónde has estado.

Centrarse en lo positivo

Hay una historia sobre un joven al que le gustaba mucho el pensamiento positivo. Sus compañeros de trabajo solían ridiculizarlo y, por supuesto, él se sentía desafiado por sus burlas.

Un día les dijo que la autoconversión positiva era tan poderosa que si se decía a sí mismo que podía volar por el aire, sería capaz de hacerlo. Demuéstralo", le gritaron.

Así que subió al vigésimo piso del edificio en el que trabajaban. Saltó y se le oyó gritar al pasar por una ventana del décimo piso: "Bueno, todo va muy bien hasta ahora".

Este libro no trata de ese tipo de pensamiento. A veces me cansa oír a la gente decir: "Piensa en positivo". Lo que sugiero es que en todas las cosas a las que nos enfrentamos en la vida nos centremos en los aspectos positivos.

. . .

Digamos, por ejemplo, que un cliente se queja de algún aspecto de su producto o servicio. Es muy fácil pensar: "Hemos metido la pata. Vamos a perder el negocio de este cliente. Esto es un desastre". Es mucho mejor pensar: "Vale, hemos cometido un error. ¿Qué podemos aprender de esto para no volver a hacerlo y mejorar nuestro servicio?

Irónicamente, suele ocurrir que si se resuelve el problema de un cliente, se le pide disculpas y se le recupera bien, el cliente le perdonará y se fidelizará aún más.

He aquí otro ejemplo de lo que quiero decir. Digamos que descubres un pequeño bulto en alguna parte de tu cuerpo o una marca en tu piel. El pensamiento positivo podría hacerte decir:

'No es nada. Lo dejaré y se irá solo'.

El pensamiento negativo, por otro lado, te haría decir:

"¡Oh, no! Tengo cáncer. Voy a tener dolor y miseria y podría morir'. Centrarse en lo positivo permite decir:

'Debo hacer que me miren esto inmediatamente, sea lo que sea. Hoy en día tienen formas maravillosas de quitar y curar estas cosas'.

Siempre habrá retos que afrontar con los clientes y las personas que trabajan para usted. Centrarse en lo positivo hará que sea mucho más fácil enfrentarse a ellos.

. . .

Sé consciente de lo que te dices a ti mismo

Durante los próximos dos días quiero que escuches la auto-conversación que pasa por tu mente y lo que dices a otras personas y te preguntes:

"¿Lo que estoy diciendo ahora me permite tener confianza, estar en la cima e ir a por todas? Si es así, ¡fantástico!". O:

¿Me frena y me impide conseguir lo que quiero en la vida? Si este es el caso, *basta: ¡cambia el programa!*

Los líderes tienen una confianza positiva en sí mismos, lo que les hace tener expectativas positivas, lo que provoca un comportamiento decisivo positivo. Está disponible para todos nosotros; sólo tenemos que centrarnos en lo positivo.

Piensa, no reacciones

Tu forma de pensar -la relación contigo mismo- es lo que va a decidir lo bien que te comunicas y tratas con las personas difíciles. La relación más importante que vas a tener es la que tienes contigo mismo, así que tienes que hacerla bien. Henry Ford (1863-1947 industrial estadounidense, fundador de la Ford Motor Company), el tipo que inició todo el caos del tráfico, dijo:

'Pensar es el trabajo más duro que existe; por eso hay tan poca gente que lo hace'.

Las personas que tienen éxito en la gestión de personas difíciles tienen un profundo conocimiento de su propia mente. Son conscientes de sus necesidades, sus puntos fuertes y débiles y sus emociones.

Son honestas consigo mismas y, por tanto, con las personas con las que interactúan.

Las personas con éxito tienen confianza en sí mismas; aceptan sus debilidades pero no las ven como un fracaso.

Hablan cuando no saben algo y piden ayuda cuando la necesitan.

¿Alguna vez has hecho una pregunta en una reunión sintiéndote un poco estúpido y pensando que todo el mundo sabe la respuesta? En la pausa para el café alguien dice:

'Me alegro de que hayas hecho esa pregunta porque yo tampoco lo sabía pero no me gustaba preguntar'.

Las personas con éxito tienen el valor de desafiar lo que escuchan en su propia mente y también lo que escuchan de otras personas.

. . .

2. CREENCIA

El segundo de los cinco factores es la creencia. Depende mucho de cómo controlemos nuestra mente y de las conversaciones que tengamos con nosotros mismos. Creer en uno mismo es lo que impulsa la motivación y eso, a su vez, genera la energía necesaria para gestionar a una persona difícil. Una persona que no cree en sí misma o en lo que hace va a encontrar la vida muy difícil. Por supuesto, puede ser un reto mantener la fe en uno mismo cuando se está bajo la presión de los clientes, del jefe o de cualquier otra persona en la vida.

Empecé a planificar mi negocio de oratoria y formación en 1993. En aquel momento, muchas personas bienintencionadas decían cosas como:

'Eres muy valiente, el negocio de la formación es muy competitivo'. ¿Crees que es el mejor momento para empezar un negocio?

¿Dónde vas a encontrar clientes que no tengan ya un proveedor de formación?

Si hubiera asumido todo esto, mi negocio nunca habría salido a flote. Pero creí que podía hacerlo. Por supuesto, tuve mis momentos de duda, pero todo eran reacciones, no pensamientos.

. . .

Me pasó lo mismo cuando escribí mi primer libro y, si alguna vez has pasado por este proceso, sabrás a qué me refiero: rechazo, rechazo, rechazo. Envié mi propuesta de libro a muchas editoriales de Estados Unidos, Reino Unido, Australia y Singapur. Recibí un montón de cartas encantadoras, más o menos diciendo que no creían que pudieran vender este libro. Para reforzar mi confianza en mí misma, no dejaba de pensar en gente como J.K. Rowling, la autora de *Harry Potter* que fue rechazada docenas de veces. Creo que las personas que escribieron el primer libro de *Sopa de pollo* tuvieron que autopublicarse porque ninguna editorial les aceptó.

He dicho antes que es difícil mantener la confianza en uno mismo cuando otras personas en tu vida te dicen todo lo que no puedes hacer. Tienes que poner en marcha esa autoconversación positiva, centrarte en lo positivo y creer en ti mismo.

Olvídate de los objetivos

Muchos oradores motivacionales y libros de autoayuda te dirán que debes tener objetivos. Incluso yo mismo he defendido la fijación de objetivos en el pasado.

. . .

Escribes tus objetivos y los detallas para la vida familiar, los amigos, las finanzas, la carrera, el ocio, la salud, el aprendizaje, la educación y tu vida espiritual. Sin embargo, ahora he llegado a la conclusión de que las personas de éxito con una fuerte autoestima no establecen objetivos de esta manera. ¿Por qué? Porque están demasiado ocupados haciendo lo que tienen que hacer para conseguir lo que quieren conseguir.

Las personas con éxito no dedican tiempo a escribir lo que quieren de la vida, sino que simplemente se ponen a hacerlo. Para tener éxito en lo que sea que queramos hacer, tenemos que preguntarnos:

¿Qué quiero conseguir realmente?" "¿Cuáles son mis sueños y deseos?" "¿Qué quiero construir, crear?" "¿Qué tipo de persona quiero ser?

Tienes que identificar claramente qué es lo que quieres de la vida. ¿De qué tienes hambre y sed? ¿Qué es lo que realmente quieres lograr?

Si alguien te sostuviera la cabeza bajo el agua, te darías cuenta rápidamente de lo que quieres: ¡oxígeno! Necesitas sentirte así para tener éxito.

. . .

La mayoría de nosotros experimentamos esta sensación cuando nos enamoramos. Hacemos casi cualquier cosa para impresionar y estar con la persona de nuestros sueños.

Así es como la gente crea el éxito, así es como se descubrieron nuevos países, se inventaron productos, se conquistó el Everest y el hombre pisó la luna. Puede que no quieras conseguir algo tan espectacular: puede que quieras tener un negocio de fontanería de éxito o ser un excelente contable, correr una maratón o simplemente ser capaz de manejar a las personas difíciles de tu vida. Sea lo que sea, una vez que lo identifiques y te centres en él, liberarás la motivación para hacerlo realidad.

Saber a dónde quiere ir

Hay una historia que se cuenta a menudo sobre la nadadora Florence Chadwick. En su primer intento de cruzar a nado el Canal de la Mancha se encontró con olas enormes y una temperatura escalofriante. Sus entrenadores estaban a su lado en un barco. Le habían engrasado el cuerpo para protegerlo del frío y le dieron sopa caliente de un termo. Lo tenía todo a su favor para asegurar su éxito.

Sin embargo, una espesa niebla se instaló y, a medida que la niebla descendía, su visión se limitaba a unos pocos metros. El agua parecía más fría, las olas más altas y empezó a sufrir calambres en brazos y piernas. Al final desistió de su esfuerzo y pidió a sus entrenadores que la subieran al barco. Lo que no sabía era que estaba a poca distancia de la orilla. Cuando los periodistas le preguntaron por qué se había rendido cuando le quedaba poca distancia por recorrer, su respuesta fue muy sencilla:

'Perdí de vista mi objetivo. No estoy seguro de haberlo tenido bien presente".

Tienes que tener una imagen mental clara de adónde quieres llegar. Tienes que visualizar que tienes éxito y trabajar para conseguirlo. Así tendrás muchas más posibilidades de conseguir lo que quieres.

Y en caso de que te preguntes sobre Florence Chadwick, ella se convirtió en la primera mujer en nadar el Canal de la Mancha el 8 de agosto de 1950. Tardó 13 horas y 25 minutos, ¡y seguro que tenía los brazos cansados!

Salga de su zona de confort

Piensa en lo que haces cada día y pregúntate: "¿Lo que hago ahora me lleva a donde quiero llegar?" Si la respuesta es "no", haz algo diferente. Sal de tu zona de confort y cambia tus hábitos.

. . .

El otro día, un instructor me observó mientras utilizaba un aparato en el gimnasio. Déjame que te enseñe una forma diferente de hacerlo", me dijo. Como supondrás, la forma diferente era mucho más difícil, algo más dolorosa y con muchas más probabilidades de producir resultados.

El cuerpo humano siempre encuentra una manera fácil de hacer las cosas y también lo hace el cerebro. Sin embargo, como todos sabemos, sin dolor no hay ganancia. Así que si quieres que ocurra algo diferente, haz algo diferente.

Recuerda lo que dije antes sobre las cosas negativas que nos decimos a nosotros mismos y las creencias que tenemos sobre nosotros: no permitas que te retengan.

Cambia tus creencias

Si tienes creencias negativas sobre ti mismo, aquí tienes una forma de cambiarlas. Tu subconsciente siempre intentará alejarse del dolor y acercarse al placer. Así que empieza a asociar el dolor masivo a tu creencia negativa. Piensa en cómo te frenará y te impedirá lograr lo que estás tratando de conseguir.

Piensa en lo miserable que te sentirás si ni siquiera lo intentas.

. . .

Las personas mayores rara vez se arrepienten de lo que han hecho en su vida, pero sí de lo que no han hecho. Así que piensa en el futuro, cuando tengas 75 u 80 años, e imagina cómo te sentirás si nunca lo has intentado. Luego empieza a pensar en el placer que recibirás al cumplir tus creencias. Piensa en lo bien que te sentirás cuando consigas lo que te propongas. Si cuando seas mayor miras atrás y piensas en las cosas que no lograste, al menos podrás decir: 'Lo intenté, di lo mejor de mí y no me quedé al margen'.

3. ENERGÍA

Si quieres tener éxito en la gestión de personas difíciles, necesitas mucha energía.

Necesitas energía cerebral y energía corporal.

Energía del cerebro

Dirigir a personas difíciles exige una gran cantidad de energía cerebral. Seguro que después de una interacción difícil con alguien, quizás un cliente o tu jefe, te sientes totalmente agotado y quizás un poco tembloroso. Eso se debe a que su metabolismo ha estado trabajando a toda máquina. Es lo que se conoce como estrés.

. . .

Cuando te estresas, todo un cóctel de sustancias químicas recorre tu sistema. De nuevo, es la respuesta de lucha o huida. Nuestro sistema suprarrenal libera hormonas y adrenalina para ayudarte a luchar o huir. Cuando la causa del estrés se reduce, te quedas con todas estas sustancias químicas que siguen intentando ayudarte a luchar o huir. Eso es lo que a menudo hace que te sientas tembloroso. Estoy seguro de que si tienes un trabajo de atención al cliente eres muy consciente de lo estresante que puede ser el trato con el público. Cavar un agujero en el suelo o cualquier otro trabajo físico puede ser agotador, pero el trabajo cerebral puede ser mental y físicamente agotador. Por eso hay que tener una buena salud física y mental para afrontar todo esto.

Puede que pienses que no hay mucho que puedas hacer contra el estrés y el agotamiento de tu energía cerebral.

Antes hemos hablado de pensar y no reaccionar. Reaccionar agota el cerebro; pensar, menos. Los programas de comportamiento de reacción, como el desafiante, el controlador o el pasivo, agotan el cerebro. El programa de pensamiento no lo hace.

Digamos, por ejemplo, que un cliente llama para decir:

'Me has enviado el pedido equivocado. Esto no es lo que pedí. Es totalmente inútil para mí y para ti también".

· · ·

Si reaccionas internamente con:

Oh no, qué desastre. Este cliente se está volviendo loco y no sé qué decir. Está muy enfadado y me está estresando'.

Todo esto proviene de tu programa pasivo y te estresará. Cambia a tu programa de pensamiento y dite a ti mismo:

'Bien, tengo un cliente enfadado en la línea. Puedo entender por qué está enfadado y voy a utilizar todas mis habilidades para solucionarlo'.

No utilices, y repito, no utilices las palabras "Oh no". Cada vez que te dices a ti mismo: 'Oh no', tu cerebro experimenta un enorme drenaje de energía.

Si tienes un trabajo que implica gestionar a personas difíciles, además de utilizar tu programa de pensamiento necesitas tener otras cosas que hacer. Ir a casa y desplomarse frente al televisor y quejarse a su pareja no ayudará a la energía del cerebro. Muchas personas hacen otras cosas negativas que no son efectivas. Fuman demasiado, beben o comen demasiado. A veces tienes que esforzarte en otras actividades que tienen grandes beneficios para tu energía cerebral. Estas son algunas de mis sugerencias, pero seguro que se te ocurren muchas más:

- Haz deporte.
- Mira el deporte.
- Poner música.

- Escuchar música.
- Dedícate a un hobby.
- Ve a nadar.
- Mezclarse con los amigos.
- Ríete.
- Haz el amor.
- Aprende a bailar.

Recuerda, deja las cosas negativas: ¡te matarán!

Energía del cuerpo

Estoy seguro de que a estas alturas ya sabes que si comes demasiado, comes lo que no debes, fumas demasiado o bebes demasiado alcohol, tu cuerpo corre el riesgo de estropearse. Si quieres tener éxito en la gestión de personas difíciles, y en tu vida, entonces vas a tener que cuidar tu cuerpo. Si te ves mejor y te sientes más en forma, tendrás mucha más confianza para gestionar a las personas difíciles.

A menudo miro a la gente por la calle y tienen un aspecto tan apagado: piel pobre, pelo apagado y sobrepeso.

Tengo amigos de 40, 50 y 60 años y tienen un aspecto fantástico. Sentirse bien físicamente te dará más confianza para elegir tu programa de comportamiento y manejar a las personas difíciles. Es importante que cuides tus dientes con una visita regular al dentista y que también te hagas pruebas de la vista con regularidad. Si no quieres ir al gimnasio, no pasa nada, pero tienes que encontrar algún otro tipo de ejercicio que aumente el ritmo cardíaco y te haga sudar un poco.

Hace un par de años decidí aprender a bailar el tango. Es un buen ejercicio, muy divertido y he conocido a gente nueva. Me gusta comer de todo y beber cerveza y vino. Pero desde luego quiero cuidar mi cuerpo y asegurarme de que dure y funcione bien el mayor tiempo posible. Te recomiendo que hagas lo mismo.

4. Compenetración

Para ser realmente bueno en la gestión de personas difíciles, tienes que aprender y aplicar la magia de la compenetración. Digo magia porque si desarrollas esa habilidad, harás tu vida mucho más fácil.

En el momento de escribir esto, recibí una llamada telefónica de mi amigo John. Me contaba un viaje reciente al aeropuerto, llevando a su madre y a su padre a su vuelo de vacaciones. La hora de facturación era a las 6:20 y John y sus padres llegaron a las 6 de la mañana. John vio a dos mujeres sentadas detrás del mostrador de facturación charlando. Se acercó a una de ellas y le preguntó si era posible facturar las maletas, aunque llegaran 20 minutos antes. Recibió un "no" cortante y le dijeron que imprimiera una tarjeta de embarque en una de las máquinas. Esto molestó a John, no tanto porque no pudiera facturar, sino más bien por cómo le hablaron. También sabía que sus padres ancianos tendrían dificultades para utilizar la máquina y se alegró de estar allí para ayudarles.

La mujer del mostrador de facturación no tiene casi ninguna habilidad para establecer relaciones. Posiblemente no pudo registrar a los padres de John por razones técnicas, pero no se explicaron. Su respuesta fue un "no" rotundo. Es probable que John, como cliente, interprete su respuesta como una falta de voluntad de ser flexible y útil. En una situación de servicio al cliente, la respuesta suele ser "No", pero lo que importa es cómo se dice la palabra "No". Esta empleada de facturación se está preparando para recibir muchos clientes difíciles.

Para minimizar el número de personas difíciles con las que tienes que tratar o para mejorar tu capacidad de gestionarlas, tienes que ser bueno en la creación de compenetración. La compenetración no consiste únicamente en hablar con otras personas, sino en escuchar y comprender cómo ve la situación la otra persona.

También se trata de ser capaz de empatizar y apreciar cómo se sienten.

. . .

Hay una historia sobre tres personas que dan un paseo por un hermoso bosque. Uno de ellos es un artista, el otro un botánico y el tercero trabaja en el negocio de la madera. Mientras caminan por el bosque, el artista piensa:

Qué bosque tan bonito, ¡mira qué vistas tan impresionantes! Me encantaría volver aquí algún día y capturar esta escena en una foto'.

La botánica está caminando por el bosque con la nariz pegada al suelo, y está pensando: Nunca he visto tantas plantas maravillosas; me gustaría pasar más tiempo estudiándolas". El tipo que trabaja en el negocio de la madera está examinando cada árbol y pensando: 'Aquí crecen unos bosques maravillosos. Podría talar este lote y hacer una fortuna'.

Todos vemos el mundo de forma diferente. La persona con buenas habilidades de rapport lo entiende y piensa en ello cuando se comunica con otras personas. Una buena capacidad de comunicación consiste en transmitir a la otra persona que usted ve el mundo de la misma manera que ella. Utilizo este dicho cuando dirijo un curso de ventas:

La gente compra a personas, y compra a personas que son como ellos mismos".

PNL

. . .

Es posible que haya oído hablar de la PNL (programación neurolingüística). Es uno de los desarrollos de más rápido crecimiento en la psicología aplicada. Los profesionales de la PNL hablan de reflejar e igualar el comportamiento de otras personas. No se trata de imitar a los demás, sino de comportarse como ellos, haciéndoles sentir que tienes una buena relación con ellos. Muchas personas lo hacen de forma natural. Te voy a poner un ejemplo.

Supongamos que acabas de conocer a unos amigos y que éstos tienen un niño pequeño con ellos. Te pondrías de pie y hablarías con tus amigos de forma adulta. Cuando te presentaran al niño, probablemente te pondrías en cuclillas para ponerte a su altura, le hablarías más suavemente y con una voz más infantil. En otras palabras, no utilizas las mismas palabras, el mismo tono de voz o el mismo lenguaje corporal con el niño que con los adultos.

Al interactuar con los adultos, mejora su capacidad de establecer una relación si coincide con las palabras, el tono y el lenguaje corporal de la otra persona. Digamos, por ejemplo, que estás tratando con alguien que habla en voz baja y lentamente. Mejoraría su capacidad de comunicación si hablara en voz baja y despacio.

Puede que tu estilo natural sea hablar rápido y en voz alta, pero eso no mejorará tu capacidad de establecer relaciones.

. . .

Otro de los factores que destaca la PNL es que todos tenemos una preferencia sensorial cuando nos comunicamos con otras personas. Están las personas visuales que están más influenciadas por lo que ven. Las personas auditivas están más influenciadas por lo que les entra por los oídos. Y luego están las personas cinestésicas que se preocupan más por cómo se siente algo. También hay personas olfativas que se dejan influir principalmente por el olfato y personas gustativas que se dejan influir por el gusto, aunque este tipo de personas son menos comunes.

La mayoría de nosotros nos comunicamos a partir de nuestros sentidos visuales, auditivos o cinestésicos. Las personas visuales dirán cosas como: 'Veo lo que quieres decir' o 'Esto me parece bien'. Mientras que una persona auditiva diría: 'Oigo lo que dices' o 'Esto me parece bien'.

La persona kinestésica diría: "Tengo una buena sensación con esto" o "Esto me parece bien".

Para establecer una relación con otra persona, tiene sentido utilizar sus preferencias sensoriales. A una persona visual le puedes decir: "Muéstrame lo que quieres decir". Si observas que la persona con la que estás interactuando es una persona auditiva, sería mejor decir: "Dime lo que quieres decir". Si eres consciente de que estás con una persona kinestésica, dirás: "¿Puedes demostrar lo que quieres decir?

Si quieres mejorar la identificación de las diferentes preferencias, piensa en ti mismo o en tus allegados. Por ejemplo, yo soy muy visual y cinestésico. Lo sé porque no me interesa especialmente la música.

Tengo unos seis CD y sólo he asistido a dos conciertos de música en mi vida. Prefiero ver una película o algún tipo de producción en el teatro. Me interesa el arte y siempre veo a los amigos por la calle antes de que me vean a mí.

Si quieres explicarme algo, es mejor que me enseñes un dibujo o algo escrito. Mi lado cinestésico se satisface si me dejas poner las manos en algo. Las personas que no son muy auditivas tampoco son especialmente buenas lectoras de libros.

Esto se debe a que cuando leemos tendemos a hablar con nosotros mismos dentro de nuestro cerebro, por lo que la lectura es más un sentido auditivo que visual. Cuando dirijo talleres de formación, suelo pedir a los asistentes que lean algún texto y comenten lo que han leído con el grupo; esto satisface a las personas auditivas. Muestro un vídeo o diapositivas para los visuales, y organizo ejercicios de grupo para que los kinestésicos puedan sentir lo que se les enseña.

. . .

Sólo quiero decir unas palabras sobre las personas que son muy olfativas. Estas personas se pueden detectar en el supermercado. Cuando compran productos como detergente o lavavajillas, suelen quitar la tapa y oler el producto. Otras personas pueden considerar esto inusual porque se preocupan más de si el producto funciona que de cómo huele.

Para establecer una buena relación con las personas, averigüe cuáles son sus preferencias sensoriales y comuníquese con ellas desde ese nivel.

Interesarse

Las personas con éxito son excelentes para establecer relaciones. He conocido a varias en mi vida y siempre me ha impresionado su interés por mí. Observa a todas las personas con las que te cruzas en el día a día y practica tus habilidades para establecer relaciones. Habla con todas las personas con las que estés en contacto. A menudo me decepciona la forma en que la gente reacciona ante el personal de la caja de mi supermercado local. El cajero suele decir "Hola" o "Buenos días", y sólo recibe un gruñido a cambio. Cuando le dicen al cliente el total de la cuenta, he visto que el cliente entrega su tarjeta de crédito y sale de la caja sin decir nada. Siempre me empeño en pasar al menos la hora y es estupendo ver la respuesta de la persona que está en la caja. Todo esto es una buena práctica para cuando te encuentres, y tengas que gestionar, a la persona difícil.

5. CORAJE

Se trata de tener el valor de pasar a la acción. Si quieres mejorar en la gestión de personas difíciles, necesitas el valor de dirigir tu propia mente y cambiar tu programa de comportamiento. Ni que decir tiene que necesitas valor para enfrentarte a la persona difícil y gestionarla. A menudo ocurre que pospones el trato con esa persona porque no te gusta la confrontación.

También temes que no sirva de nada. Este libro te dará cosas prácticas que decir y más confianza para acercarte a una persona difícil. Pero tienes que poner en marcha tus conversaciones internas y hablar contigo mismo de forma positiva.

Muchos directivos ignoran el mal comportamiento de sus empleados porque creen que puede provocar conflictos y desmotivarlos. Lo que ocurre entonces es que el miembro del personal sigue comportándose mal, los demás miembros del equipo se desmotivan y los clientes y la empresa se resienten. Los directivos deben tener valor para tratar con estos miembros difíciles del personal, y hacerlo lo antes posible. Esto les facilitará la vida y reducirá los niveles de estrés. Cuando se enfrente a una situación difícil, escuche sus conversaciones internas y pregúntese:

"¿Es esta decisión que estoy tomando la mejor para mí? Si la respuesta es "no", cámbiela.

Recuerda mi historia sobre la timidez y la petición de una cita con la chica de mis sueños. Me costó mucho valor hacerlo, pero, al final, me alegré de haberlo hecho.

Siente el miedo

Si te encuentras con que te falta valor para hacer algo o afrontar una situación difícil, pregúntate: "¿Cuál será el resultado de no hacerlo?" Volverás con una respuesta como:

- El problema continuará.
- Los demás pensarán que soy un pelele.
- Siempre se aprovecharán de mí.
- Seguiré teniendo miedo.
- Me sentiré mal conmigo mismo.
- Me arrepentiré después.

Entonces pregúntate: "¿Cuál será el resultado de hacer algo al respecto?".

- Me sentiré mejor.
- El problema se resolverá.

- Y si no, me alegraré de haberme acercado.
- Otras personas me admirarán.
- Será menos probable que se aprovechen de mí.

¿Nervios?

Tratar con una persona difícil puede ponerle nervioso.

Sé que siempre tenía mariposas en el estómago cuando estaba a punto de enfrentarme a un cliente o miembro del personal difícil. Permíteme que te dé algunas ideas sobre el nerviosismo.

Cuando dirijo un seminario sobre técnicas de presentación, la gente habla inevitablemente de los nervios y del valor para levantarse y hablar. Seguro que alguna vez has oído decir: "Nunca podría levantarme y hablar delante de un grupo". Parece que hablar en público es uno de nuestros mayores miedos.

Básicamente, se trata del miedo a hacer el ridículo y a ser ridiculizado.

En el seminario explico que estar nervioso es algo bueno.

. . .

Los nervios, o el miedo, hacen que todas esas sustancias químicas del estrés inunden tu sistema para hacer frente a lo que sea que te esté atacando. Estas sustancias químicas harán que tu cerebro sea más agudo, te darán más energía y te equiparán mejor para hacer una gran presentación. Cuando estés nervioso por tratar con una persona difícil, estas sustancias químicas volverán a equiparte para hacer frente a la situación.

El miedo es bueno, pero sólo si eres consciente de él y lo mantienes bajo control: en eso consiste el valor.

No cabe duda de que los empresarios de éxito deben tener el valor de desafiar su propia programación y enfrentarse a situaciones difíciles con los clientes y el personal. Necesitan valor para hacer las cosas de forma diferente y desafiar la sabiduría convencional. También necesitan el valor de sus propias convicciones y no permitir que otras personas dirijan su mente.

Dos hombres salían de su oficina todas las noches y caminaban juntos hasta la parada del autobús. Por el camino, uno de ellos se paraba a comprar un periódico en un quiosco que había al lado de la carretera. El anciano que regentaba el quiosco era siempre gruñón y maleducado. Sin embargo, el hombre que compraba el periódico siempre era educado y cortés con el anciano. Una noche, el amigo del hombre dijo:

'No entiendo por qué siempre eres tan educado y cortés con ese tipo, él siempre es tan grosero'.

El otro hombre respondió: 'No permitiré que el comportamiento de ese hombre decida el mío. Yo siempre decidiré mi propio comportamiento y siempre le trataré con cortesía y respeto. Cómo se comporte es cosa suya'.

Los empresarios de éxito deben tener el valor de desafiarse a sí mismos y aceptar que no siempre tienen razón. Tienen que escuchar a otras personas, estudiar nuevas formas de hacer las cosas... ¡y pensar!

3

El poder de la persuasión

DESARROLLAR SUS HABILIDADES

Este es probablemente el capítulo más importante de este libro, porque para conseguir lo que quieres de la vida -ser más feliz, tener mejores relaciones y dominar la capacidad de gestionar a las personas difíciles- necesitas ser mejor en la persuasión.

Como dije en el capítulo 1, la interacción con otras personas es el factor más importante de tu vida. Aunque quisieras, probablemente te resultaría difícil no tener que tratar con otras personas.

Posiblemente quieras vivir con otra persona, casarte, tener hijos, tener amigos y trabajar con otras personas. Sí, hay excepciones a la regla: algunas personas prefieren vivir solas, trabajar solas y tener el menor contacto posible con otras personas. Sin embargo, para la mayoría de nosotros es de vital importancia tener relaciones positivas con otras personas. Si alguna vez te encuentras en una playa desierta en algún lugar y aparecen otras personas, seguro que vienen y se sientan a tu lado.

Tus relaciones, además de darte mucha felicidad, también pueden causarte infelicidad y estrés negativo. Te encuentras teniendo que persuadir a otras personas para que acepten tu punto de vista, tu producto o servicio, tu propuesta de matrimonio o tus ideas y creencias. El problema es que los demás no siempre desean ser persuadidos por ti. Incluso puede ser un error intentar persuadirlas. ¿Cuántas veces se ha persuadido a la gente en contra de su voluntad o de su buen juicio para que haga algo de lo que luego se arrepiente?

Sin embargo, creo que es vital ser mejor en la persuasión.

Al fin y al cabo, piense en los casos en que su poder de persuasión beneficia a la otra persona. Podría ser mucho mejor para la otra persona si la persuades:

- Darte un trabajo.
- Deja de fumar.
- Comer sus verduras.
- Tómate unas vacaciones.
- Comprar su producto o servicio.

- Casarme contigo.
- Prestarte dinero (piensa en los intereses que ganarán).

Hay muchas situaciones en las que tu poder de persuasión tiene beneficios tanto para la otra persona como para ti. En cualquier proceso de persuasión se busca un resultado en el que todos salgan ganando. Es decir, que usted se beneficie tanto como la otra persona. Si no es así y se trata de una situación en la que todos ganan, entonces en lugar de persuasión se puede hablar de manipulación, control o coacción. Sin embargo, como sabe cualquier buen vendedor o negociador, el resultado en el que todos ganan es lo que siempre se debe buscar.

Siempre recordaré el primer curso de ventas al que asistí y la definición de venta que me grabaron en el cerebro:

Vender es el arte de crear un deseo en la mente de un comprador y satisfacer ese deseo para que el comprador y el vendedor se beneficien".

Esto puede parecer un poco anticuado para muchos de los vendedores de hoy en día, pero creo que el principio sigue siendo válido. Sin duda habrá notado que he empezado a hablar de vendedores y compradores. Esto se debe a que creo que todos somos vendedores y compradores desde el momento en que entramos en este mundo.

. . .

Un bebé que llora pidiendo comida, atención o que le cambien el pañal está tratando de persuadirte para que actúes. Si no respondes a esta petición inicial, sube el volumen hasta que lo hagas. Como quieres a ese niño, porque te importa, estás muy abierto a esa persuasión. Y así se sigue a lo largo de la vida: si la gente se preocupa por ti, si te respeta, si tiene una buena relación contigo, es más probable que acepte lo que le propones.

El proceso de venta o persuasión está muy presente en nuestro mundo. A menudo es mucho mejor vender que contar. Un directivo suele llegar mucho más lejos con las personas que trabajan para él vendiendo que contando.

Si el personal puede entender los beneficios para ellos, entonces es más probable que respondan de manera positiva a quienes los supervisan.

El proceso de persuasión de las ventas comienza muy pronto en la vida; de hecho, los niños suelen ser vendedores muy naturales. Convencen a sus padres para que hagan todo tipo de cosas:

Papá, si me compras estas zapatillas para correr, ganaré todas las carreras del colegio y piensa en lo orgulloso que estarás de mí".

· · ·

Mamá y papá, si me compráis este ordenador también podréis utilizarlo".

Mamá, si me compras este cereal multivitamínico piensa en lo contenta que estarás cuando crezca grande y fuerte'.

Puede que no utilicen estas palabras exactas, pero puedes ver el escenario en el que todos ganan: 'Si me das esto, piensa en lo bueno que será para ti'.

Es más probable que respondamos a este tipo de persuasión que:

"Cómprame estos zapatos nuevos porque los quiero" o "Cómprame este ordenador porque es el último modelo".

Mi amiga Susan me hablaba hace poco de Ben, su hijo de tres años. A Ben le encantan los barcos y las embarcaciones. Mientras salían de compras juntos, Ben vio el ex yate real Britannia amarrado en el muelle de Leith, Edimburgo. Su petición:

'Por favor, ¿podemos ir en el barco mamá?' fue rechazado inicialmente por Susan. Luego dijo: 'Si vamos en el barco, mamá, podrías tomar una buena taza de té'.

Ben ya ha aprendido que vender es más probable que consiga lo que quiere que una petición directa.

. . .

A medida que crecemos, el proceso de venta continúa de forma muy natural. Imagina al marido diciéndole a su mujer:

Ese coche nuestro está empezando a costarnos mucho dinero en reparaciones. A menudo me preocupa que se estropee cuando te lleve al trabajo. Puede que haya que cancelar las vacaciones que habíamos planeado".

O la esposa a su marido:

"¿Has notado que tus camisas no están tan limpias como de costumbre? Esa lavadora parece consumir mucha electricidad. Creo que el centrifugado está dañando tu ropa".

Se trata de dos situaciones clásicas de venta. El marido intenta convencer a su mujer de que deben comprar un coche nuevo, y la mujer está trabajando en una nueva lavadora. Ambos están utilizando inconscientemente el principio de dolor o placer. Tendemos a alejarnos de las situaciones o cosas que nos causan dolor y a acercarnos a las que nos dan placer. En estos dos escenarios, ambas partes están esbozando el dolor que es, o será, a menos que se acepte su propuesta de venta.

Así que, nos guste o no, la venta y la persuasión están en marcha todo el tiempo. Los expertos en marketing creen que todos recibimos unos 3.000 mensajes de venta al día en

. Están todos los anuncios obvios de televisión y radio, las vallas publicitarias, la publicidad en los autobuses y trenes, los periódicos y las revistas. Piensa por un momento en todas las personas que se pasean anunciando productos: su ropa y su calzado exhiben nombres y logotipos que indican el éxito o la moda que tienen, o el prestigio que tienen en la calle. Empresas como Nike, Adidas, Tommy Hilfiger, Gucci y muchas otras han aprendido el valor de vender su marca.

Además de todos los productos y servicios comerciales obvios, piense en otras cosas que se venden, como la política y la religión:

'Vota por mí y mejoraré tu calidad de vida'. 'Ven a mi iglesia y tu vida espiritual mejorará'.

Muchos de los productos y servicios, ideas y filosofías que nos han vendido, han mejorado nuestras vidas. Si no nos los hubieran vendido, ¿crees que habríamos intentado buscarlos? No lo creo. No basta con inventar o desarrollar algo, hay que venderlo. Me imagino que la persona que intentó vender el primer fax encontró mucha resistencia.

¿Cómo se puede enviar un fax a otra persona que no tiene una máquina? Convencer a la gente para que se subiera a los primeros aviones y cruzara el Atlántico también requirió algo de venta.

. . .

Muchas cosas positivas han tenido lugar en la vida humana porque alguien persuadió a otros para que hicieran o aceptaran algo; por desgracia, también ha habido muchas cosas negativas. Adolf Hitler vendió al pueblo alemán muchas propuestas que podían mejorar sus vidas. Muchos alemanes compraron su filosofía en una clásica situación de ganar-perder. El "producto" que vendía Hitler no era el adecuado y al final resultó ser desastroso para el pueblo alemán. En la década de 1960 se vendió a muchas mujeres embarazadas la idea de tomar un medicamento sedante llamado talidomida. Como se sabe, esto provocó el nacimiento de niños con miembros malformados. De nuevo, el producto no era el adecuado.

La gente tiende a recordar las veces en que se les vendió o persuadió sobre algo que resultó no ser adecuado para ellos. Esto da a todo el ámbito de la venta y la persuasión ciertas connotaciones negativas. Sin embargo, es importante recordar que se han producido muchísimos resultados positivos a raíz de la venta de un producto, un servicio o una idea. Si desarrollas tus habilidades de venta y persuasión, vas a tener un mejor trabajo, un mejor nivel de vida, mejores relaciones y una vida más feliz. Le resultará mucho más fácil manejar a las personas difíciles.

Merece la pena considerar sus atributos naturales como persuasor y ver cómo puede potenciarlos. Muchos de estos atributos están latentes en su subconsciente. Con un poco de reflexión y un poco de aplicación, puede desarrollar su poder de persuasión.

SE TRATA DEL CAMBIO

La persuasión tiene que ver con el cambio, y ¿qué crees que siente la mayoría de la gente ante el cambio?

Así es: ¡no les gusta! La mayoría de las personas de este mundo se resisten al cambio. Lo temen, lo ven como una amenaza y no como una oportunidad. ¿Te imaginas al jefe entrando en tu lugar de trabajo una mañana y anunciando en : "Vamos a hacer algunos cambios por aquí"? ¿No es cierto que casi todo el mundo se siente incómodo y ve el aspecto del cambio como algo que hay que temer?

Si vas a persuadir a alguien para que cambie su comportamiento, su punto de vista, su actitud o cualquier otro aspecto de su negocio o de su vida personal, entonces estás hablando de cambiar una mentalidad. Si alguien va a cambiar su mentalidad, tiene que prever beneficios para él que superen sus circunstancias o situación actuales. Si tú eres la persona que persuade, necesitas las habilidades, cualidades y características que te hacen creíble y creíble.

Credibilidad

. . .

Cuando era adolescente, siempre recuerdo a mi madre diciendo: "No dejes que te pille fumando cigarrillos, es malo para tu salud". Por supuesto, en aquella época mi madre y mi padre fumaban y no parecía que les hiciera ningún daño. La credibilidad es sólo una de las cualidades que vas a necesitar si quieres ser un persuasor de éxito. Consideremos algunas de las otras y cómo las desarrollamos.

Creencia

Los persuasores de éxito creen en sí mismos y en lo que dicen. Al fin y al cabo, si no crees en lo que dices, ¿cómo esperas que los demás lo hagan?

Entusiasmo

He conocido a personas que creen en lo que dicen, pero no logran comunicarse con entusiasmo o pasión. Mucha gente encuentra dificultades con esto, sin embargo, si quieres persuadir a alguien, entusiásmate con ello.

Conocimiento

· · ·

Tienes que saber de qué estás hablando, así que asegúrate de tener toda la información, los hechos, las cifras y las estadísticas.

Empatía

Ponte en el lugar de la otra persona: ¿qué crees que es importante para ella? Piensa por qué deberían aceptar lo que dices. Si alguien tiene mucho miedo a volar, no tiene sentido decirle que no sea tonto y que deje de comportarse como un bebé.

Tienes que pensar en cómo te sentirías tú y qué te convencería de cambiar de opinión si estuvieras en su lugar. Hay que compensar el miedo con los beneficios.

Persistencia

Si quieres convencer a alguien, no te rindas al primer "no" o a cualquier señal de rechazo. Persiste y persiste, pero con amabilidad. La gente no reacciona necesariamente de forma negativa a la persistencia cuando se da cuenta de que realmente crees en lo que dices. Hay una línea que puedes sobrepasar, así que ten mucho cuidado.

. . .

Observa las reacciones de la otra persona y, si parece que estás insistiendo demasiado, deja de hacerlo.

Energía

Ponga energía en todas sus interacciones con otras personas: la energía alimenta el entusiasmo. Las personas con energía nos convencen. Muchos presentadores de televisión utilizan su energía para vendernos sus ideas. Cuando era niño había un científico en la televisión que nos convencía de que la ciencia era interesante agitando los brazos por todas partes y emocionándose mucho. Era el profesor chiflado original, pero lo cierto es que se escuchaba lo que decía.

Consistencia

Todo lo que haga o diga es importante: todo cuenta. Si quiere ser un persuasor de éxito, debe ser coherente. Si intentas persuadir a alguien para que cumpla su promesa, debes cumplir siempre la tuya. Si dices: "Te llamaré por teléfono en diez minutos", debes llamar en nueve minutos. Si estás convenciendo a alguien sobre política o religión, entonces debes vivir sistemáticamente según esas filosofías. Los líderes empresariales que predican la moderación en las demandas salariales pierden credibilidad si conducen grandes coches, viven en grandes casas y vuelan en jets privados.

. . .

Para tener éxito como persuasor, se necesitan muchas habilidades, cualidades y características. Incluso con todo ello, no hay garantía de éxito. Sin embargo, es más probable que la gente se deje persuadir por otras personas en las que confía, que le gustan y con las que tiene una buena relación.

UTILIZANDO LA LÓGICA Y LA EMOCIÓN

Cuando tomamos una decisión sobre algo, ¿lo hacemos de forma lógica o emocional? Aunque a mucha gente le cueste aceptarlo, dejamos que nuestras emociones gobiernen nuestro proceso de toma de decisiones. Una investigación llevada a cabo en la Harvard Business School hace unos años descubrió que el 84% de las decisiones de compra se tomaban por motivos emocionales.

Muchos vendedores y especialistas en marketing afirman que el 100% de las decisiones de compra en se toman por motivos emocionales y luego se justifican de forma lógica.

Tomemos como ejemplo la industria del automóvil. La mayoría de los coches de hoy en día tienen motores eficientes, asientos cómodos, muchos elementos de seguridad, airbags, equipo de música, aire acondicionado, etc. Imagínese al hombre o la mujer que compra un BMW, un

Mercedes o un Jaguar. Las características de todos estos coches pueden encontrarse también en un coche de gama alta de Ford o General Motors. ¿Por qué entonces la gente paga mucho más dinero por el BMW, el Mercedes o el Jaguar? ¿Es por el prestigio, el estatus, el deseo de impresionar a los vecinos o simplemente porque siempre han querido ese coche? Se trata de una decisión puramente emocional, pero es probable que los compradores de estos coches argumenten la lógica de gastar el dinero extra.

Los publicistas son especialmente conscientes del poder de las emociones. Hace unos años, British Telecom realizó una exitosa campaña publicitaria en el Reino Unido en la que aparecía esa personita del espacio exterior: ET. No se mencionan todos los productos y servicios de telecomunicaciones lógicos que suministran, pero sin duda es una campaña publicitaria que toca la fibra sensible.

Los fabricantes son muy conscientes del valor de su marca en términos de ventas y beneficios. En el gimnasio de mi ciudad, la mayoría de los socios llevan zapatillas de entrenamiento caras y de marca.

Todos sabemos que unas zapatillas de entrenamiento compradas en una tienda de descuento costarían mucho menos y harían el mismo trabajo, pero ¿quieres que te vean con ellas puestas? Yo creo que no. Hay muchas personas que toman decisiones lógicas a la hora de comprar un producto o servicio. Son las personas que compran las zapatillas de entrenamiento más baratas, que compran en la tienda más barata y que no se verían muertas con ropa de diseño. Sin embargo, ¿no es eso en sí mismo una decisión emocional?

La lección es que, si quieres persuadir a alguien, si quieres venderle un artículo, un servicio o una idea, tienes que apelar a sus emociones.

Cerebro izquierdo o cerebro derecho

En 1981, Roger Sperry y Robert Ornstein ganaron el Premio Nobel por sus investigaciones sobre el cerebro. Establecieron que hay un cerebro izquierdo y un cerebro derecho, y que realizan funciones diferentes. El cerebro izquierdo es la mitad lógica y el derecho la mitad más emocional.

El cerebro izquierdo se ocupa de:

- Palabras
- Números
- Listas
- Detalles
- Lógica.

El cerebro derecho se ocupa de:

- Fotos
- Color
- Imaginación
- Espacio
- Ritmo.

Dado que la mayoría de nosotros hemos recibido una educación principalmente con el cerebro izquierdo, es natural que nos comuniquemos de manera lógica. Desde el primer día en la escuela, aprendimos las tres R: lectura, escritura y aritmética. En la clase de historia nos enseñaron a recordar fechas, en geografía aprendimos detalles de cada país y en ciencias aprendimos aún más datos.

Nuestra infancia estaba llena de datos y cifras. Sólo, posiblemente, en el aula de música o en la clase de arte se nos permitía utilizar el lado derecho de nuestro cerebro.

Cuando nos comunicamos con otras personas, tendemos a creer que, si damos razones lógicas, la otra persona se convencerá. El problema es, por supuesto, que la persona a la que intentamos persuadir suele utilizar ambos lados del cerebro y en el proceso de toma de decisiones predomina el lado derecho, el emocional. Si a la persona a la que intentas persuadir no le gusta el color de tu corbata, el color de tu piel, tu voz monótona o el tamaño de tu cuerpo, entonces no hay forma de que escuche tu lógica.

· · ·

Mi madre, que murió hace unos años con 89 años, siempre tuvo un problema con los hombres que llevaban pendientes. Creo que creía que sólo los piratas llevan pendientes y, por supuesto, no son gente muy agradable.

Si un hombre con pendientes intentaba venderle algo a mi madre o persuadirla de alguna manera, estoy seguro de que lo vería como un pariente del Capitán Sangre. El lado lógico de su cerebro no se involucraría; tendría todas las imágenes equivocadas en su mente.

Sin embargo, hay que decir que algunas personas son más lógicas que otras y siempre dejan que su cabeza gobierne su corazón.

He trabajado con ingenieros y personas con trabajos técnicos similares, algunos de los cuales tienen grandes dificultades para aceptar todo el asunto del cerebro derecho y las emociones. Cuando se encuentran en una situación de ventas o cuando tienen que persuadir a alguien sobre su producto o servicio, a menudo se desbaratan. Creen que si dan las especificaciones del producto, muestran los resultados de las pruebas, ofrecen un precio competitivo y una entrega rápida, entonces conseguirán el pedido. No se dan cuenta de que sus zapatos rozados o su aspecto desaliñado pueden jugar en su contra.

. . .

Ser o no ser

Durante un seminario, el director general de una empresa de impresión me contó que recientemente había recibido la visita de un ingeniero de ventas de maquinaria de impresión. Esta fue una de las muchas veces que se reunieron para discutir la compra de maquinaria altamente técnica y costosa. Mi amigo, el director general, me contó que cuando estaba sentado en su despacho hablando con el ingeniero de ventas no pudo evitar fijarse en su tupé. El pensamiento que le rondaba por la cabeza era: "Estás fingiendo que no eres calvo, ¿qué más estás fingiendo?". El ingeniero de ventas no se dio cuenta de que su proceso de persuasión estructurado y lógico estaba siendo saboteado por un peluquín mal ajustado.

Así que, te guste o no, si quieres ser persuasivo tienes que recordar que te estás comunicando con una persona, no con un robot. Los persuasores poderosos siempre apelan al lado derecho del cerebro más que al izquierdo.

Apela a las emociones de la otra persona y tendrás más posibilidades de éxito.

Dolor o placer

Recuerde siempre que las personas se acercarán a cosas o situaciones que parezcan placenteras y se alejarán de las que les causen dolor. Si intentas persuadir a alguien para que coma menos, no le digas que al final se verá como un gran cerdo gordo. Esa es una imagen demasiado dolorosa para ellos. Se olvidarán de esa imagen y no tendrán en cuenta nada de lo que les digas. Sería mucho mejor decirles que si comen menos, se verán fabulosos en su ropa o en su traje de baño. Esa es una imagen mucho más placentera para ellos.

Si quieres que tus hijos hagan los deberes, no les hables de que van a suspender los exámenes, de que no van a ir a la universidad y de que no van a poder conseguir un trabajo decente.

Háblales de todas las cosas que son importantes para ellos y de cómo las conseguirán con buenos resultados en los exámenes. Habla siempre de placer, no de dolor: dejamos de lado el dolor y no escuchamos.

El factor del bienestar

Intentar convencer a alguien, persuadir o vender un producto, servicio o idea puede ser extremadamente difícil. Sin embargo, será mucho más fácil si tiene presente que se trata de un proceso psicológico. El éxito depende en gran medida de la influencia de las emociones.

. . .

La gente tiene gustos y disgustos, quiere y desea. Si van a tomar una decisión sobre algo, normalmente algo nuevo para ellos, quieren sentirse bien.

Cuando te encuentres en el extremo receptor de un proceso de persuasión, antes de comprar una idea, un nuevo producto o una forma diferente de hacer algo, tomarás una gran decisión emocional:

"¿Compraré a la persona que intenta persuadirme?"

Muchas personas que trabajan en ventas o en gestión, o en cualquier otra interacción diaria con otras personas, no se dan cuenta de la importancia de su propio impacto personal. Sencillamente, si quieres persuadir a alguien para que cambie su mentalidad, para que compre un producto o servicio, primero debes venderte a ti mismo.

VENDERTE A TI MISMO

Piensa en un producto o servicio que hayas comprado en el pasado. ¿Fue el argumento lógico o razonado o la propuesta que la persona presentó lo que le ayudó a tomar su decisión? O, ¿en qué medida le influyó la propia persona?

Una amiga mía se ha comprado recientemente un coche nuevo. Antes de hacer esta compra bastante importante, me aseguró que visitaría todos los concesionarios en busca de la mejor oferta. Unos días más tarde me encontré con ella con su flamante coche. Mi pregunta obvia fue:

"¿Conseguiste un buen trato con el coche?

Por supuesto", respondió. Pagué un precio muy bueno. El vendedor era un hombre muy agradable, me gustó mucho".

Entonces se hizo evidente que sólo había visitado una sala de exposición de coches y que había quedado tan impresionada por el vendedor y el trato recibido que no visitó ningún otro concesionario. Era obvio que el vendedor le había causado tal impresión que más o menos aceptó el primer trato que le ofrecieron. Ahora bien, no estoy sugiriendo que no haya conseguido un buen trato. Sin embargo, sé que compró al vendedor antes de aceptar su oferta.

Es triste decirlo, pero los que se dedican a engañar a la gente son muy conscientes de esta situación. Saben que si pueden venderse a sí mismos, la gente aceptará casi cualquier cosa que digan. Existen numerosas historias de personas a las que se les ha vendido algo que, o bien no existía, o bien nunca estuvo a la venta. Está el famoso caso de un estadounidense que pagó a un estafador una gran cantidad de dinero por el Tower Bridge de Londres. Definitivamente, ¡no estaba a la venta!

Antes de convencer a nadie de su forma de pensar, tiene que venderse a sí mismo. He aquí seis pasos para el éxito:

. . .

1. La primera impresión es vital

La mayoría de las personas son conscientes de ello y, sin embargo, no hacen nada al respecto.

Parecen pensar que los demás les gustarán más cuanto más los conozcan. A menudo esto puede ser cierto, pero los seres humanos tomamos decisiones iniciales muy rápidas sobre los demás y tendemos a ceñirnos a estas decisiones. Tomamos aproximadamente once decisiones subconscientes sobre otras personas en los primeros seis segundos de conocerlas. Se trata de uno de nuestros programas internos que nos ayuda a sobrevivir.

En una encuesta confidencial realizada a directores de personal, éstos admitieron que se decidían por un entrevistado en los primeros 30 segundos de conocerlo. Esta decisión se tomaba principalmente por la impresión visual. De ello se deduce que debemos prestar mucha atención a nuestra forma de vestir, nuestra postura y el contacto visual, y lo que decimos cuando abrimos la boca por primera vez.

Viste siempre de forma adecuada a la impresión que quieres causar. Evite vestirse de una manera que contradiga lo que está diciendo. Si vas a ver al director del banco por un préstamo, vístete como lo haría él: con aspecto profesional. Si estás a punto de encontrarte con un cliente enfadado o un empleado molesto en , asegúrate de ir elegante y profesional. Obviamente, esto no significa que tengas que vestirte como un adolescente para comunicarte con él.

Sin embargo, ten en cuenta que todos nosotros, y algunos más que otros, estamos muy influenciados por lo que vemos en otras personas.

• **Sonrisa**

Si queremos que alguien nos compre y acepte lo que decimos, tiene que sentirse cómodo y feliz con nosotros. Una sonrisa agradable y genuina relaja inicialmente a la otra persona, aunque esté enfadada o molesta. En los negocios conozco a muchas personas que tienen rostros severos, a veces aterradores o incluso anodinos. Al principio me hacen sentir incómodo y, si siento esa emoción, no soy totalmente receptivo a lo que dicen.

Sonreír también es bueno para ti: hace que las endorfinas, las hormonas de la felicidad, recorran tu organismo. Por eso hay que cuidar los dientes y el aliento. Hace poco conocí a una persona que estaba encantada de contarme todo sobre sí misma. El único problema es que no pude concentrarme en lo que decía debido a su mal aliento. La gente está más dispuesta a decir "sí" a alguien que le gusta, con una cara abierta y feliz y una sonrisa agradable. Por supuesto, una cara feliz y sonriente no sería apropiada cuando se está frente a un cliente enojado o molesto.

• **Dar la mano**

Hazlo de forma positiva, firme y con una sonrisa. No hagas el gesto de aplastar los huesos: lo único que dice es que eres un cabeza hueca. Algunas personas dicen que esperan a que la otra persona les ofrezca la mano. Si los dos os quedáis esperando, nunca ocurre. El tacto es muy poderoso; ayuda a crear el vínculo inicial. Ofrece tu mano cada vez que te encuentres con alguien a quien quieras persuadir o influenciar. Aquí tienes un consejo que te dirá si la otra persona se resiste a ti o no. Al estrechar la mano, gire ligeramente su mano en el sentido de las agujas del reloj. Si notas que la mano de la otra persona se resiste, esto sugiere que posiblemente esté tensa en tu compañía y puede resistirse inicialmente a lo que le digas. Si su mano gira con la tuya, sugiere que la persona está más relajada.

Algunas personas, sobre todo los políticos, son partidarios del apretón de manos a dos manos. Esto puede ser un poco exagerado para ti, así que aquí tienes otro consejo que puede ayudarte a causar una buena impresión en los demás. Cuando estreches la mano, toca el antebrazo de la otra persona con la otra mano. Hazlo rápido, pero con firmeza, y hazlo cada vez que te encuentres con esa persona. Esto ayuda a afianzar los sentimientos positivos sobre ti con la otra persona, y te marca como alguien diferente.

2. Utilizar palabras de apertura positivas

Después de haber causado una gran impresión con tu aspecto, tu sonrisa amable y tu memorable apretón de manos, no lo eches todo a perder diciendo algo incorrecto.

La gente tiende a creer más en lo que ve que en lo que oye, pero decir algo inapropiado o poco claro puede arruinar todo el proceso de autoventa. El truco está en planificar o al menos pensar en lo que vas a decir antes de reunirte con alguien. Acepto que no todas las reuniones con otras personas están planificadas, pero incluso en los encuentros improvisados con otras personas deberías tener una reserva de frases y preguntas iniciales. Si vas a visitar al director del banco o a tu jefe, posiblemente a alguien que trabaja contigo, o incluso al profesor del colegio de tu hijo, deberías haber preparado cuidadosamente las palabras de apertura.

Es una buena estrategia para hacerles hablar lo antes posible, así que mantén tus palabras iniciales breves. Por ejemplo:

'Hola John, tienes buen aspecto. Cuéntame, ¿cómo has disfrutado de tus vacaciones en Florida? Buenos días, Sr. Smith. Me gusta mucho el diseño de esta oficina, ¿es cómoda para trabajar?

Hola Mary, ¡tienes buen aspecto! ¿Has hecho más ejercicio últimamente?' 'Me alegro de verte, Jack.

Me gusta tu nuevo coche, ¿cómo es conducirlo?

Cuando te vendes a ti mismo, tus palabras iniciales deben ser positivas, genuinas y deben invitar a una respuesta.

· · ·

También es muy importante utilizar el nombre de la otra persona, pero sin exagerar.

Hace unos años pasé una noche molesta en un hotel de Aberdeen. (Parece que siempre tengo problemas con los hoteles.) Cuando estaba haciendo el check out, pedí hablar con el gerente. Estaba cansado y malhumorado y quería contarle todo sobre su ruidoso hotel. Me paseaba por la recepción, preparándome para decirle lo que realmente pensaba. Un hombre elegantemente vestido se me acercó por el vestíbulo, me tendió la mano, me dedicó una gran sonrisa y me dijo:

'Buenos días, Sr. Fairweather. Mi nombre es Alistair McDonald. Soy el Director General y estoy encantado de conocerle. Me decepciona saber que ha tenido una noche problemática. Por favor, dígame exactamente qué ha pasado.'

Me sorprendió tanto su enfoque positivo y amistoso que perdí la mayor parte de la energía que iba a dedicar a mi queja. Su enfoque del programa de pensamiento me hizo pasar del modo desafiante al modo pensante. Me costó enfadarme y le expliqué mi situación y escuché sus disculpas.

Si se hubiera acercado a mí y hubiera dicho algo como: 'Hola, soy el gerente. ¿En qué puedo ayudarle?". Entonces probablemente habría recibido un trato mucho más duro por mi parte.

. . .

No deja de sorprenderme cómo algunas personas cuando conocen a otra, dicen cosas negativas como:

'¡Dios mío, estás engordando bastante!'

"Hola John, no tienes muy buen aspecto, ¿has estado enfermo?" "Hola Bob, ¿llevas esa corbata por una apuesta?

Las personas que dicen estas cosas no se dan cuenta del efecto que tienen en los demás. Luego se preguntan por qué sus amigos o colegas son tan poco receptivos a lo que dicen. Quieres que la otra persona te acepte y acepte lo que dices. Por lo tanto, es fundamental hacer que se sientan bien y en un estado de ánimo positivo.

- **Ser un gran oyente**

Este es el factor más importante para venderse a sí mismo. Muchas personas creen que para venderse a sí mismas, para impresionar a los demás, tienen que hablar de sí mismas. Todos hemos conocido a estas personas en el trabajo o en la vida social. Lo cuentan todo sobre sí mismos, su trabajo, sus cualificaciones, el coche que conducen, dónde van de vacaciones, a quiénes conocen, lo listos que son sus hijos y muchas cosas más. Esta información suele estar relacionada de forma muy sutil y a menudo puede transmitirse en una sola frase:

Nos encanta ir de vacaciones a la Toscana porque allí

fue donde conocí a mi marido el año en que él terminó la carrera de medicina y yo el doctorado".

Como nuestra hija tiene que viajar por todo el país ganando aún más eventos de equitación, tuvimos que comprar un Range Rover para llevar todo su equipo.

Esta no es la forma de venderse y, desde luego, no es la forma de iniciar un proceso de persuasión. Los pasos para la súper venta de uno mismo son:

- Haz preguntas.
- Escucha.
- Parece que estás escuchando.
- Saber escuchar tiene dos ventajas principales:

Descubres muchas cosas sobre la otra persona: cómo piensa, qué siente y qué es importante para ella.

Indicas a la otra persona que crees que es importante, que lo que dice es importante y que la valoras. Si la gente recibe este mensaje de ti, te comprará a lo grande.

Como he dicho antes, escuchar es la habilidad más importante si se quiere persuadir a la gente y hacer frente a las dificultades y objeciones. Hago mucho hincapié en esto cuando dirijo programas de formación en ventas. Muchos vendedores quieren hablar y hablar de su maravilloso producto o servicio. Yo les animo a que escuchen y atiendan, si quieren tener éxito. Es tan importante que les sugiero que asimilen muy bien los siguientes puntos.

Parece que estás escuchando. Utiliza un lenguaje corporal muy abierto. Estimule al interlocutor inclinándose hacia delante, manteniendo un buen contacto visual y asintiendo con la cabeza. Cambia tu expresión facial en función de lo que se diga: muestra tus sentimientos a la otra persona.

Las mujeres son bastante buenas en esto; la mayoría de los hombres no lo son tanto. Los hombres tienden a escuchar impasibles, probablemente asimilando todo, aunque el mensaje que recibe la otra persona es:

'No me escuchas, no te interesa, no te importa y estás pensando en otra cosa'.

Es muy importante hacerlo bien, sobre todo cuando se trata de una persona difícil. Si piensa que no le escuchas, que no te interesa o, peor aún, que no te importa, entonces tendrás aún más problemas. Así que, además de todo el lenguaje corporal abierto, asegúrate de decir lo ocasional:

'Ya veo' - '¡Realmente!' - 'Uh-ha' - '¡Wow!'

Mantenga su cerebro en el programa de pensamiento. Muchas personas permiten que sus propios sentimientos o percepciones interfieran en lo que escuchan. Escuchan a través de filtros basados en cómo ven el mundo. Yo tenía una tía Molly, hermana de mi madre.

Cuando era un niño y ella venía de visita, siempre me preguntaba:

'¿Cómo estás Alan, te mantienes bien? ¿Disfrutas de la escuela? Yo diría algo así:

'Estoy muy bien tía Molly y estoy disfrutando de la escuela'. Luego la oí decir a mi madre:

'No creo que Alan sea muy feliz. No me parece que esté muy bien y creo que puede tener problemas en la escuela'.

Por razones que sólo ella conoce, y que todavía no puedo entender, le decía a mi madre falsas mentiras. Probablemente se basaba en cómo se sentía de niña y en cómo odiaba la escuela. Su mente no le permitía creer que yo pudiera ser feliz y disfrutar de la escuela.

Puede ser muy difícil mantener la mente abierta y escuchar realmente lo que se nos dice. Todos tenemos esos filtros en nuestro subconsciente a través de los cuales la información que nos llega viaja y se ajusta para adaptarse a nuestra comprensión. Todos somos diferentes en nuestra forma de ver el mundo, así que si alguien te dice algo, apaga los filtros y sigue pensando.

. . .

Escríbelo. Parece profesional, da la impresión de que estás interesado y, obviamente, te da un registro de lo que se dijo. A veces me he encontrado en la situación de que estoy exponiendo algunos puntos a otra persona y ésta me mira.

A veces he dicho: '¿No quieres escribir esto?' y me contestan: 'No pasa nada, ya me acordaré'. Esto no me da buena espina.

Míralos a los ojos. Solía trabajar en una oficina abierta y, aunque tenía una pequeña pantalla entre mí y los demás, solía distraerme muy fácilmente por la más mínima cosa. Si tenía una llamada telefónica importante, me tapaba los ojos para no distraerme con algo o con alguien de la oficina. Cuando me encuentro en una conversación cara a cara, tengo que concentrarme mucho y resistir la tentación de mirar por encima del hombro de la otra persona.

No es necesario mirar fijamente a la otra persona, pero es importante mantener un buen contacto visual, apartando la mirada sólo brevemente y de vez en cuando. En el capítulo 2, vimos los cinco factores de éxito. En la sección sobre la compenetración, hablé de la PNL y de cómo puede ayudar a tus habilidades de comunicación. La PNL nos enseña sobre los movimientos oculares y cómo podemos comprender lo que la gente está pensando.

· · ·

En términos sencillos, si una persona mira hacia su izquierda mientras le habla, significa que está recordando una situación concreta.

Si mira hacia la derecha, significa que está construyendo una situación. En otras palabras, puede estar diciendo una mentira. Practica esto con tus amigos (sin decírselo, por supuesto) y observa esos ligeros movimientos oculares que hacen mientras te cuentan una historia. ¿Se mueven hacia la izquierda o hacia la derecha? Y siento decírtelo, pero si son zurdos la interpretación del movimiento de los ojos es al revés.

Pregunte de vez en cuando: le ayudará a entender y le dirá a la otra persona que le interesa lo que está diciendo. A veces es útil parafrasear y repetir lo que la persona acaba de decir:

'Lo que está diciendo, Sr. Smith, es que este producto es demasiado grande para su propósito'.

Esto también puede ayudarle a tomar el control de una conversación con una persona difícil que puede estar hablando demasiado.

Concéntrese en el tono de voz. Como sin duda sabe, el tono de voz de una persona determina el significado de lo que dice. Todos somos bastante buenos para captar el tono de voz de una persona, pero sigue siendo importante concentrarse en los cambios, a veces sutiles, del tono.

Si estás dirigiendo a una persona difícil y le dices: "¿Estás contento con mi sugerencia? "Sí, estoy contento con tu sugerencia", asegúrate de que suena bien antes de continuar.

Escucha con los ojos. Lo primero que se nota en otra persona es su actitud. Cuando te encuentras cara a cara con una persona difícil, no necesitas ser un genio para darte cuenta de que está enfadada o molesta. Por otro lado, las señales del lenguaje corporal a veces pueden ser muy sutiles, así que es importante mantener los ojos y los oídos abiertos. Recuerda lo que he dicho antes sobre los movimientos oculares. Observa todas las pistas no verbales y escucha lo que la gente no dice o le cuesta expresar con palabras.

No interrumpir. Cuando la gente está hablando, existe una gran tentación de intervenir con una respuesta o una solución al problema. Por favor, resiste esa tentación.

3. Hablar de los intereses de la otra persona

¿Te acuerdas de la época en la que, antes de las cámaras digitales, tenías que esperar a que las fotografías de tus vacaciones salieran del procesador?

Todas esas felices instantáneas de amigos y familiares, de gente que conociste en la playa, de lugares que visitaste. ¿Quién es la primera persona a la que mira en esas fotografías? Puede que odies admitirlo, pero sabes que siempre te miras a ti mismo. 'Me veo bien en esta'. 'Esta foto no me favorece'. 'Me veo demasiado gordo en esta'.

Somos las personas más importantes de nuestro universo. Nos preocupamos por nuestro aspecto, por cómo sonamos y por cómo nos perciben los demás. Nuestra imagen personal es lo más importante del mundo para nosotros. Por eso muchas personas temen ponerse de pie y hablar en público. Sentimos que nuestra imagen personal se verá afectada. A la gente no le gustará nuestra forma de hablar, nuestro aspecto y nos lo harán saber riéndose de nosotros.

Si queremos vendernos y convertirnos en expertos en la gestión de personas difíciles, debemos potenciar continuamente la imagen que tiene la otra persona de sí misma. Cuando hablemos con ellos, debe ser en términos de sus intereses, no de los nuestros. Muchas personas caen en la trampa de hablar demasiado de sí mismas.

Cuando nos autovendemos, tenemos que hablar a la gente de las cosas que les interesan.

Si estás tratando de persuadirles, habla de cómo se sentirán. No digas:

'Sería muy feliz si hicieras lo que te sugiero'. Diga:

"Piensa en lo feliz que serás si aceptas mi sugerencia".

Cuando alguien te cuente sus vacaciones en Florida, no digas:

También he estado allí y me encantó Disney World y los Everglades, y fuimos a unas playas fabulosas y lo pasamos muy bien'.

Diga:

'Yo también he estado allí. ¿Qué es lo que más te ha gustado de tus vacaciones?

Es algo muy sencillo, pero muchas personas caen en la trampa de hablar de sí mismas y no de la otra persona.

Si quieres ser interesante, ¡interésate!

Estos son los seis pasos de la autoventa que te ayudarán a venderte a ti mismo y, en definitiva, a gestionar a una persona difícil y a vender lo que propones.

Recuerda:

Las personas compran primero a las personas, y compran a las personas que son como ellas mismas.

· · ·

El persuasor de éxito dedicará la mayor parte de su tiempo a establecer una relación estrecha con la otra persona. Sin embargo, expondrá su punto de vista y pedirá a la otra persona que lo acepte. Lo que vamos a ver a continuación es cómo se expone el punto de vista y cómo se pide a alguien que lo acepte. También veremos el hecho de que la gente puede resistirse a lo que dices, y cómo lo afrontas.

PLANIFICAR SU ESTRATEGIA

Puede que pienses que no siempre es posible planificar o preparar lo que vas a decir a la gente, sobre todo en situaciones cotidianas. Sin embargo, es importante tener algunas pautas o un modelo al que recurrir para estas interacciones. En muchas situaciones en las que tenemos que utilizar nuestras habilidades de persuasión, existe la posibilidad de planificar. Si estuvieras a punto de:

- tener una reunión con una persona difícil
- ir a una entrevista de trabajo
- convencer a alguien de que haga algo por ti
- vender su casa
- tratar con alguien que trabaja para usted

o cualquier otra interacción que tenga, estar preparado aumentará sus posibilidades de éxito para conseguir que alguien acepte lo que dice.

. . .

A la hora de planificar hay que tener en cuenta lo siguiente:

- ¿Qué quieres de esta reunión? Escríbelo y tenlo claro en tu mente. Piensa también en cuál sería tu posición alternativa. ¿Qué estarías dispuesto a aceptar? ¿Qué concesiones harías?

- ¿Qué vas a decir? Una vez más, hay que escribirlo, eligiendo las palabras con cuidado. Hay que pensar más en términos de preguntas que de afirmaciones, algo que estudiaremos con más detalle más adelante en el capítulo.

- ¿Qué dirán? Piensa detenidamente en la resistencia que podrían ofrecer y en lo que dirás a cambio.

- ¿Cómo reaccionarán? ¿Estarán contentos, descontentos o enfadados? ¿Se echarán a llorar o simplemente se reirán de lo que digas?

- ¿Tiene toda la información que necesita? ¿Hay datos y cifras que necesites? ¿Hay algo que quieras mostrar a la otra persona?

- ¿Estás mentalizado para esta reunión? ¿Tienes un estado de ánimo positivo y esperas un resultado positivo?

Estar preparado le dará más confianza en cualquier interacción y aumentará la probabilidad de su éxito como persuasor.

EL ENFOQUE INICIAL

. . .

Si conoces a la otra persona y has hecho un buen trabajo de venta, entonces deberías experimentar una respuesta positiva cuando te acerques a ella inicialmente. Si no los conoces tan bien y ellos no te conocen a ti, entonces entran en juego los pasos de la autoventa. Venderse a sí mismo no es un proceso largo. Los seres humanos toman decisiones muy rápidamente sobre otras personas, así que recuerda los seis pasos:

- La primera impresión es vital.
- Sonríe.
- Dense la mano.
- Utilice palabras de apertura positivas (utilice nombres).
- Sé un gran oyente.
- Habla de los intereses de la otra persona.

Recuerda que estos seis pasos influirán en todo lo que digas. Lo he dicho antes y lo volveré a decir:

Si no te compran, no comprarán lo que dices".

Así que analicemos más detenidamente lo que dice cuando intenta transmitir su punto de vista.

WIIFM

El acrónimo anterior se encuentra en la mayoría de los libros de ventas y, aunque parece el nombre de una emisora de radio, en realidad significa: "¿Qué hay para mí?" (*What Is It For Me?*). Me gusta pensar que es una emisora de radio que emite un programa regular en el subconsciente de todos. Cada vez que alguien nos hace una sugerencia, trata de vendernos algo o intenta persuadirnos, la WIIFM se enciende. Esto puede parecer egoísta, pero es la forma de ser de las personas. Nos preocupa lo que la otra persona nos propone y cómo nos afectará. Cuando expongas tu punto de vista, habla en términos de lo que le interesa a la otra persona, porque ella también escucha el WIIFM.

No digas: 'Necesito que me ayudes a ordenar esta oficina'.

Diga: "¿Estaría dispuesto a ayudarme a ordenar esta oficina y hacerla más cómoda para que podamos trabajar?

No digas: 'Quiero que hagas horas extras'.

Diga: "¿Estaría usted dispuesto a hacer horas extras y recibir tiempo en lugar de eso?"

Estos ejemplos pueden parecer simplificados y habría que adaptarlos a cada situación. El principio, sin embargo, es no hablar de lo que uno quiere, sino de cómo se beneficiará la otra persona.

. . .

Además, siempre que sea posible, plantee su punto de vista en forma de pregunta y no de afirmación. Si tratas de convencer a tu pareja de que te lleve de vacaciones, en lugar de decir:

"Vayamos de vacaciones y disfrutemos de un poco de sol, una bonita playa y algo de turismo", sería mucho mejor decir:

Cuando nos vayamos de vacaciones, ¿qué prefieres: la playa, la natación o las visitas turísticas?

Plantear una pregunta hace que la otra persona piense realmente en lo que has dicho porque sabe que tiene que responderte.

Los vendedores profesionales son conscientes del WIIFM y lo tienen en cuenta a la hora de hacer una presentación.

La jerga que utilizan se llama "características y beneficios". No se habla de lo que hace el producto o servicio, sino de cómo se beneficiará el cliente potencial.

No digas: "Este televisor viene con un sonido envolvente Dolby pro-logic de seis altavoces".

· · ·

Diga: "Señor Smith, cuando vea y escuche el fútbol en la televisión, ¿le gustaría sentir que está realmente en el partido?

No digas: "Esta cama tiene un colchón firme y una base reforzada".

Diga: "Sra. Brown, ¿le gustaría dormir bien y aliviar su espalda rígida? No digas: 'Rellena este formulario y recibirás una compensación'.

Diga: "Si está dispuesto a rellenar este formulario de indemnización, podrá reemplazar lo dañado por artículos nuevos".

Con demasiada frecuencia, la gente hace declaraciones y espera que la otra persona se dé cuenta de los beneficios.

El problema es que no lo hacen. Y si lo hacen, para cuando lo han calculado todo ya han dejado de escucharte.

Muchas veces, al entrevistar a alguien para un puesto de trabajo, le he escuchado hablar de casi todo lo que figura en su CV:

'Tengo una licenciatura en inglés'.

. . .

'He asistido a varios cursos de formación en ventas'. 'Tengo experiencia en varios sectores'. 'Obtuve todas mis insignias de Boy Scout'.

Rara vez encontraba un entrevistado que relacionara sus habilidades y experiencia con lo que yo quería en el trabajo y a menudo me encontraba diciendo internamente: "¡Y qué!". Esa pequeña emisora de radio, WIIFM, sonaba en mi subconsciente. Esto puede parecer duro o poco amable cuando alguien está utilizando todo lo que sabe para conseguir un trabajo importante. Siempre intenté tratar a los solicitantes de empleo con respeto y, en la entrevista, orientarles para que hablaran de los beneficios. Lamentablemente, esto rara vez ocurría y es una de las razones por las que empecé a escribir este libro.

En su vida cotidiana, la gente intenta persuadir a otras personas sobre cuestiones que tienen muchos beneficios para ambos. El problema es que la persona que persuade suele hacerlo mal. Ahora que me he quitado eso de encima, vamos a ver cómo podemos mejorar nuestra capacidad de persuasión.

CÓMO HACER FRENTE A LA RESISTENCIA

Todos sabemos que la mayoría de las veces, cuando intentamos persuadir a alguien, éste se resiste a lo que decimos.

. . .

En el mundo de la venta las llamamos "objeciones".

Enfrentarse a las objeciones es la esencia de la venta y, lamentablemente, demasiados vendedores lo hacen mal. Si crees en algo, si se te ocurre una gran idea, si realmente te gusta alguien, probablemente te sientas frustrado si otras personas no opinan lo mismo. La razón obvia por la que no sienten lo mismo que tú es que no son tú y tienen una visión diferente del mundo. Es importante hacerles saber que entiendes su situación y que siempre hablas en términos de sus intereses. Sólo así es probable que acepten lo que dices.

¿Por qué hay resistencia?

Consideremos todas las razones por las que la gente se resiste a lo que dices. Como ya he dicho, otras personas tienen un libro de reglas de la vida totalmente diferente al tuyo. Sin embargo, hay otras razones específicas.

No les gustas. Ahora bien, puede ser que no les desagrade, es sólo que no le han comprado. No has hecho un trabajo suficientemente bueno para venderte a ti mismo.

No confían en ti. De nuevo, se trata de la autoventa.

. . .

La gente basará su nivel de confianza en ti en el más mínimo incidente. Por ejemplo, les prometiste que les llamarías el lunes por la mañana, pero no lo hiciste hasta el lunes por la noche. Tú no crees que eso sea un gran problema, pero podría serlo para la otra persona y podría influir en su confianza en lo que dices.

No lo entienden. La gente suele decir que no a algo, básicamente porque no entiende de qué estás hablando. Puede que te pregunten para aclarar lo que dices, pero la mayoría de las veces no lo harán. Pedirte explicaciones suele ser demasiado complicado para algunas personas. Además, creen que pueden parecer estúpidos. Es mucho más fácil decir "no" a lo que usted sugiere.

No han escuchado. Una de las principales razones por las que la gente se resiste a lo que dices es que no han escuchado realmente lo que has dicho. Esto no es lo mismo que no entender; simplemente no han asimilado toda la información que les has dado o no han captado los beneficios de tu sugerencia. Las razones por las que la gente no escucha son numerosas y nos remiten a las habilidades de escucha que hemos considerado anteriormente. Creo que muy pocas personas escuchan bien cuando alguien les habla por varias razones:

- Se distraen con alguien o algo más.
- Están cansados o aburridos.

- Tienen prisa.
- Creen que saben lo que se dice.
- Sueñan despiertos.
- No entienden su jerga.
- Están físicamente incómodos, tienen demasiado calor o demasiado frío.
- Están pensando en qué decir a continuación.

La gente habla o se prepara para hablar. La cuestión, por supuesto, es que si la gente no ha escuchado no necesariamente lo admitirá, simplemente rechazará lo que dices.

Realmente no quieren lo que les propones. Por razones que sólo ellos conocen o por razones que te pueden decir, la gente puede no estar interesada en lo que dices. Por ejemplo, si intentaras convencerme de que fuera a la ópera, no iría. Puede que pienses que es maravillosa, pero yo la he probado y no me ha gustado.

Una persona difícil puede no querer lo que le propones. A veces es mejor preguntar: "¿Qué puedo hacer para que esto te salga bien?

Recuerda: cuando intentas persuadir a alguien o cuando intentas venderle algo o convencerle de tu forma de pensar, no vas a ganar a todos.

· · ·

No lo quieren ahora. A veces las personas pueden estar bastante de acuerdo con lo que les propones, pero no quieren hacerlo ahora. La persona a la que le has pedido que se case contigo puede decir que "no", pero quizá más adelante las cosas cambien. No te rindas, pero tal vez lo dejes en segundo plano para que se cocine a fuego lento durante un tiempo.

No les gusta el cambio. El ser humano es un animal de costumbres. Vivimos y trabajamos en pequeñas zonas de confort. Nos levantamos por la mañana, desayunamos lo mismo, vamos al trabajo por el mismo camino, hacemos el mismo trabajo y llegamos a casa y vemos los mismos programas de televisión.

Entonces nos ponemos a la defensiva si alguien o algo intenta cambiar alguna de estas situaciones. Recuerda lo que dije anteriormente sobre que los humanos se dejan llevar totalmente por sus emociones.

El cambio es una cuestión muy emocional. Si usted y su pareja han disfrutado de las vacaciones en el mismo hotel de España todos los años, intentar convencerle de que vaya a otro lugar puede ser difícil. Puede que tengas todas las razones lógicas del mundo para ir de vacaciones a Grecia, pero ellos no las aceptan. La resistencia al cambio suele ser la más difícil de superar.

. . .

Toda esta resistencia puede ser difícil de manejar y, como he dicho anteriormente, no las ganarás todas. Sin embargo, utilizando algunas técnicas sencillas, puedes ganar más situaciones. Hay que decir que tratar con la gente y tratar de persuadirla no consiste en sacar lo mejor de ella. En cualquier interacción persuasiva hay que buscar una situación en la que todos salgan ganando. Si se trata de una situación en la que todos ganan, sólo lo hará una vez, porque la otra persona no volverá a dejarse persuadir por usted.

Antes de examinar las técnicas de gestión de la resistencia, considere el hecho de que existen básicamente dos tipos de resistencia: la lógica y la emocional. Si rechazas la petición de tu hija de 17 años de un primer coche, puedes responder de forma lógica:

'No tienes dinero para comprar y hacer funcionar un coche y no tienes forma de encontrarlo'. O emocionalmente:

'Eres demasiado joven. No conseguí un coche cuando tenía 17 años y nunca sabré dónde estás'.

Cuando se intenta persuadir a alguien, es importante identificar rápidamente si su resistencia es lógica o emocional. La forma más fácil de hacerlo es hacer preguntas. Puede que digan una cosa, pero que quieran decir otra. Para descubrir la verdadera razón de la resistencia, hay que hacer preguntas como las siguientes:

¿Qué te hace sentir así?

¿Qué te hace decir eso?

"¿Hay algo de lo que he dicho con lo que te sientas incómodo?

Un interrogatorio directo pero respetuoso tiene más probabilidades de descubrir la verdadera razón de la resistencia. Digamos, por ejemplo, que estás tratando con un cliente difícil y te dice:

"No voy a aceptar su oferta de compensación, ¡puede olvidarlo! Tal vez quieran decir:

'No he entendido nada de lo que has dicho'.

Un buen interrogatorio descubrirá la verdadera razón por la que el cliente rechaza su oferta, y entonces podrá tratarla.

Ocho pasos para hacer frente a la resistencia

Escucha. Cuando la otra persona se resista a lo que dices, utiliza toda tu capacidad de escucha. Deja que termine lo que quiere decir, no te lances con una pregunta o una respuesta contraria.

Sea atento. Da la impresión de que valoras lo que te dicen. Utiliza un lenguaje corporal muy positivo y un buen contacto visual.

· · ·

Haz una pausa. Cuando la otra persona haya expuesto su punto de vista, haz una pausa de dos o tres segundos. Esto te da tiempo para pensar y les sugiere que estás considerando cuidadosamente la posición.

Un cumplido. Puede ser apropiado decir:

"Es un punto muy bueno" o "Gracias por plantear eso".

Pregunte. Aquí es donde hay que comprobar si se entiende. ¿Tiene una respuesta lógica o emocional? Puedes preguntar:

¿Qué parte de lo que he sugerido no te gusta?" o "Si no puedes ayudarme ahora, ¿cuándo crees que podrás hacerlo?".

Empatizar. Puede parecer algo extraño, pero no se trata de estar de acuerdo con alguien, sino de entender cómo se siente. Podrías decir:

'Entiendo lo que quieres decir' o 'Aprecio que sientas que esto es un gran trabajo'.

Respuesta. Aquí es donde respondes utilizando el beneficio aplicable a la otra persona - recuerda: WIIFM. Utilizando la empatía podrías decir:

Entiendo que no quieras hacer esta presentación en este

momento. Si decides hacerla, aumentará tu confianza y ayudará a tus perspectivas de promoción en el futuro.'

Si yo estuviera en su lugar, también pensaría que no tengo experiencia para este trabajo. ¿Está de acuerdo en que mi juventud, entusiasmo y energía compensan con creces mi falta de experiencia?

Comprueba. Una vez que hayas respondido a la resistencia de la otra persona, comprueba que está satisfecha con tu respuesta:

"¿Estás contento con eso?"

"¿Tiene sentido para ti?" "¿Te sientes mejor con esto?

Si la persona dice "no" y plantea más resistencia, entonces puede ser conveniente volver a exponer los beneficios o introducir otros nuevos. Recuerde: responda siempre con beneficios que sean relevantes para la otra persona, no para usted.

Al tratar con la resistencia no es imperativo que utilices todos estos pasos, sin embargo la regla básica es empatizar y responder con un beneficio:

'Entiendo cómo te sientes y lo que esto significa para ti es...'

.   .   .

Otros métodos para hacer frente a la resistencia

Si conoce a la otra persona y está bastante seguro del tipo de obstáculos que puede plantear, entonces puede plantear el problema usted mismo:

Probablemente piense que no tengo las habilidades y la experiencia para hacer este trabajo, sin embargo...'

"Supongo que crees que no tengo derecho a pedir esto, sin embargo...

Puede que pienses que esta compensación es injusta y lo entiendo. Consideremos lo que esto implica...'

Ten mucho cuidado al levantar la resistencia tú mismo. Sólo funciona si estás seguro de que la otra persona está a punto de plantearla. Si no es así, puedes estar plantando algunas semillas de duda en las que la otra persona ni siquiera ha pensado.

Otra técnica que puedes tomar prestada del vendedor profesional es:

Sentir - Compaginar – Encontrar soluciones

De nuevo, es una respuesta de empatía y beneficios:

Entiendo cómo te sientes. Su colega John pensaba lo mismo cuando le pregunté. Sin embargo, lo que ha comprobado ahora es que este nuevo sistema ha reducido su carga de trabajo'.

Cuando haya conseguido vencer la resistencia, hay un último paso que debe dar como poderoso persuasor.

Debe hacerlo: **¡Preguntar!**

Algunas personas manejan bastante bien la resistencia y exponen los beneficios para la otra persona. Sin embargo, a menudo no piden lo que quieren o desean que suceda a continuación. La interacción suele quedar en el aire:

Sé que te gustará mucho trabajar en este nuevo departamento: hay más oportunidades para alguien con tus habilidades y, por supuesto, está el dinero extra".

Después de hacer esta afirmación, algunas personas lo dejan así, esperando que la otra persona responda. Lo que suele ocurrir es que la otra persona se resiste más a tu sugerencia o simplemente la deja para más tarde. Termina la afirmación anterior diciendo:

¿Cuándo quieres empezar?" o "¿Llamo a la jefa de departamento y le digo que vendrás el lunes?". A veces puede ofrecer una alternativa en su declaración final:

'¿Quieres empezar el nuevo trabajo el lunes, o prefieres esperar hasta final de mes?' "¿Trabajarás hasta tarde esta noche o es mejor mañana para ti?

. . .

En el mundo de la venta, estas declaraciones se conocen como cerrar la venta. Para muchos vendedores, ésta es la parte más difícil del trabajo.

La razón por la que es tan difícil, y por la que muchos vendedores se sienten incómodos al respecto, es que odiamos la palabra "No". Incluso los que no son vendedores evitan pedir lo que quieren porque odian oír "No" o "No quiero" o "No me interesa". El problema es que nos tomamos este rechazo como algo personal. Pensamos: 'A ti no te gusto' o piensas que soy un tonto' o 'Tienes algo contra mí'.

El "no" es una forma de resistencia y, como hemos visto antes, puede decirse por varias razones. Puede ser porque no les gusta, pero en la mayoría de los casos será por muchas otras razones. Por ejemplo:

¿Qué ganan ellos?

No lo han entendido.

Realmente no quieren lo que propones.

No les gusta el cambio.

No escucharon.

Siempre que oigas la palabra "No", no te lo tomes como algo personal. Recuerda tus habilidades de gestión de la resistencia y haz frente a la situación. Como dijo Mahatma

Gandhi, "Si no pides no obtienes". Pedir no significa presionar a alguien o ser manipulador; se trata de ser asertivo y dejar claro a la otra persona lo que quieres. Si lo piensas, muchas personas quieren que decidas por ellas.

Quieren que les animes a comprar ese coche nuevo, a irse de vacaciones o a solicitar el nuevo trabajo. Así que no les dejes escapar: recuerda siempre pedirles lo que quieres.

PRINCIPIOS DE UN PODEROSO PERSUASOR

Prepárese para cada contacto. Planifique siempre las reuniones en las que sabe que se necesitarán todas sus habilidades como persuasor. También es una buena práctica prepararse ahora para cualquier situación futura en la que un plan detallado resulte inadecuado. Piense en cómo podría manejar las interacciones ad hoc.

Tenga siempre un objetivo positivo. Tenga claro en su mente lo que quiere exactamente de cualquier interacción. Escríbalo.

Véndete a ti mismo. Recuerda siempre que, si la gente no te compra, es poco probable que compre lo que dices. Genera confianza, usa nombres y sonríe, muéstrate feliz e interesado en la otra persona.

· · ·

Habla de resultados. Cuando exponga su punto de vista a la otra persona, hable siempre en términos de resultados para ella. Recuerda que no les interesa lo que tú quieres, sino lo que les aporta a ellos.

Enfréntate a la resistencia. No te lo tomes como algo personal y no discutas. Ponte de acuerdo, empatiza, pregunta y responde con resultados y beneficios.

Pide lo que quieres. Si no lo pides, es posible que nunca avances. Recuerda que la otra persona puede estar muy contenta si le ayudas a tomar una decisión.

Al principio de este capítulo, señalé que el poder de persuasión es importante para su felicidad y bienestar. No se trata de salirse con la suya, ni de manipular a la gente. Se trata de convencer a los demás de lo que tú crees y de una manera que les resulte beneficiosa. Tendemos a creer que nuestra propia manera es la mejor, y que todo el mundo debería pensar como nosotros. Sin embargo, la experiencia nos dice que no siempre es así. Esto no debe impedirte tratar de convencer a los demás de que lo que dices puede ser lo mejor para ellos. Sin embargo, es importante respetar el punto de vista de la otra persona y tratar de ver la situación tal y como la ve. Le deseo mucho éxito como persuasor poderoso.

4

Estrategias para el éxito

SIN DUDA HABRÁS DEDUCIDO de los capítulos anteriores que nuestro propio comportamiento influye enormemente en el número de personas difíciles que tenemos que gestionar. Sin embargo, me gusta pensar que vivo en el mundo real. Me doy cuenta de que, por muy buena persona que seas, o por muy bien que te vendas o comuniques desde tu programa de pensamiento, seguirás encontrándote en la situación de tener que gestionar a una persona difícil. Así que necesitas algunas habilidades y técnicas que puedas utilizar en el día a día. En primer lugar, veremos cómo gestionar a un cliente difícil. Luego veremos cómo gestionar a un miembro difícil de tu equipo. Por supuesto, estas habilidades pueden utilizarse para gestionar casi cualquier persona que resulte difícil. Incluso puedes utilizarlas con tu jefe.

LO QUE REALMENTE QUIEREN LOS CLIENTES

· · ·

Antes de ver algunas técnicas para tratar con clientes difíciles, es importante ser consciente de lo que realmente quieren en primer lugar. Satisfacer esas necesidades básicas reducirá al mínimo el número de clientes difíciles con los que tenga que tratar.

Lo que los clientes quieren realmente puede dividirse en dos áreas.

En primer lugar, quieren que el servicio principal de su empresa satisfaga sus necesidades. Esperan que su producto o servicio funcione. Si dices que eres fontanero, el cliente espera que le arregles la tubería que gotea en .

Si dices que eres contable, entonces esperan que resuelvas sus datos fiscales.

También esperan que su producto o servicio represente una buena relación calidad-precio. Si compro un par de botas de invierno caras, espero que me protejan del frío y la humedad y que además tengan un buen aspecto.

Naturalmente, si comprara un par más barato, no esperaría que me duraran tanto.

Los clientes también esperan que su servicio posventa sea eficiente. Si mis nuevas botas de invierno empiezan a gotear cuando las uso por primera vez, espero que la tienda las sustituya inmediatamente.

Sin embargo, nada de esto fidelizará a los clientes ni hará que cuenten a otros lo bueno que es usted. Dan por hecho este servicio básico. No me verías ir por ahí diciendo a la gente que mis nuevas botas de invierno no tienen fugas.

En segundo lugar, y este es el punto más importante, lo que los clientes realmente, realmente, quieren y lo que hará que sean fieles a su negocio y digan cosas maravillosas sobre usted a otras personas:

Respuestas cálidas y amables. Cuando los clientes entran en contacto con usted cara a cara o por teléfono, quieren una respuesta cálida. Puede seguir siendo comercial, pero usted y su personal deben parecer y sonar amables y simpáticos.

Quieren sentirse importantes. Saben que tienes muchos otros clientes, pero les encanta que les hagas sentir especiales.

Quieren que se les escuche. Los clientes suelen tener la impresión de que la persona que les atiende no les escucha realmente. Debe seguir trabajando en su capacidad de escucha. Mantén un buen contacto visual con las personas y concéntrate en lo que dicen. Mantén la mente abierta y resiste la tentación de saltar con una respuesta.

También es importante demostrar que estás escuchando. Si estás cara a cara, mantén un lenguaje corporal abierto y asiente con la cabeza.

Que alguien sepa su nombre. El nombre de una persona es uno de los sonidos más dulces que escuchará jamás. Si usas el nombre de un cliente cuando hablas con él, indica que lo reconoces como individuo. No lo uses con demasiada frecuencia porque puede resultar irritante, pero sí al principio y al final de la conversación.

Flexibilidad. Los clientes odian escuchar un "no" o un "no se puede hacer". No siempre es posible decir "sí" a un cliente o hacer exactamente lo que quiere, pero es importante ser lo más flexible posible. Diga a los clientes lo que puede hacer, no lo que no puede.

Recuperación. Cuando las cosas van mal, los clientes quieren que se resuelvan sus problemas rápidamente. No quieren oír excusas ni saber de quién es la culpa o por qué ha sucedido, sólo quieren que se solucione rápido. Los clientes suelen juzgar la calidad de su servicio por la forma en que se recupera. Incluso perdonarán sus errores si se recupera bien.

. . .

Digamos, por ejemplo, que sirves una comida que no está bien cocinada o no está lo suficientemente caliente.

Tendrías que disculparte, mostrar al cliente que te importa, asegurarle que se arreglará y hacerlo rápidamente. Dígale al cliente que no se le cobrará el plato principal o dele un vino o un postre gratis. Luego, cuando ese cliente hable de su restaurante, se lo contará a la gente:

Hubo un pequeño problema al principio, pero cuando se lo señalé, se emocionaron de verdad y no pudieron ser más comprensivos".

No tenga miedo cuando algo vaya mal; a menudo es una gran oportunidad para mostrar a los clientes lo bueno que es su servicio.

En general, los clientes quieren sentirse bien. Quieren sentirse mejor que antes después de haber tratado con usted o con cualquier persona de su empresa. Si puedes crear esa sensación, estarás en camino de dar a los clientes lo que realmente quieren y minimizarás el número de clientes difíciles con los que tendrás que tratar.

Es triste decirlo, pero algunas organizaciones se complican la vida.

. . .

La mayoría de las veces se debe a que su servicio principal les defrauda y no consiguen ofrecer un producto o servicio aceptable. Sin embargo, a menudo se ven defraudados por las malas interacciones entre sus clientes y su personal.

Antes de hacer un reciente viaje al extranjero, llamé por teléfono a los dos bancos que utilizo normalmente.

Quería informarles de que podría utilizar mis tarjetas de débito Visa en Singapur y Vietnam. Cuando llamé al primer banco para decírselo, la persona de atención al cliente me dijo:

'No puedes usar tu tarjeta de débito en el extranjero, pero llamaré a tu sucursal para decirles que permitan cualquier transacción'. (¿Te has fijado en las dos palabras que hay que evitar?)

A continuación, se dedicó a hacerme algunas preguntas de seguridad, como la dirección de mi sucursal y mi número de teléfono de seguridad. Le expliqué que hacía todas mis operaciones bancarias por Internet y que no sabía la dirección de mi sucursal ni mi número de teléfono de seguridad. Me hizo un par de preguntas más y luego me informó, con un tono de voz muy oficial, que había fallado dos de sus tres preguntas y que tenía que informar a seguridad. Me empezó a molestar sobre todo su tono de voz y su actitud acusadora.

Al final me irrité tanto que le dije que lo olvidara y que no usaría mi tarjeta de débito. Esta persona de atención al cliente acababa de crear un cliente difícil.

Llamé al segundo banco con la misma información y la conversación fue así:

Quiero utilizar mi tarjeta de débito Visa cuando viaje a Singapur y Vietnam a finales de este mes".

Por supuesto, Sr. Fairweather, me pondré en contacto con su sucursal y les contaré sus planes.

¿Puede confirmar su número de cuenta bancaria y el código de clasificación? '

Después de que le diera la información requerida, me dijo:

'Que tenga un buen viaje, Sr. Fairweather. Espero que todo le vaya bien y gracias por llamar'.

He tenido problemas con el primer banco en el pasado.

Pero nunca se trata de problemas de servicio básicos; siempre se trata de las interacciones que tengo con la gente del banco.

· · ·

Por muy bueno que sea su servicio, es inevitable que tenga que gestionar un cliente difícil en algún momento. Así que vamos a ver algunas técnicas.

TRATAR SUS SENTIMIENTOS - TRATAR SU PROBLEMA

Si te enfrentas a un cliente que está cargado emocionalmente, primero tienes que gestionar esas emociones antes de poder tratar el problema. En otras palabras, hay que ocuparse de sus sentimientos y luego del problema. Muchas personas, sobre todo en trabajos de atención al cliente o de gestión, tienden a pasar directamente al modo de resolución de problemas y no intentan ocuparse de los sentimientos de la otra persona.

Digamos, por ejemplo, que un cliente llama por teléfono y dice:

Estoy harto de ustedes, nunca hacen nada bien. Es la tercera vez este mes que mi entrega se equivoca". Lo que muchos gerentes y personas de servicio al cliente dicen, y es lo incorrecto, es:

"Lo siento, dame tu número de cuenta y lo arreglaré".

Pasan directamente al modo de resolución de problemas y el cliente sigue despotricando y enfadándose. Creen que, si hacen algo para solucionar el problema, o si se ve que hacen algo, el cliente se calmará. Lo que realmente hay que hacer es calmar la ira del cliente, y eso no se consigue tratando de resolver el problema.

¿Recuerdas lo que dijimos sobre la interacción a nivel humano y a nivel empresarial? Se interactúa a nivel humano para tratar los sentimientos, y a nivel empresarial para tratar el problema.

Solía impartir talleres de atención al cliente para ingenieros de telecomunicaciones. Un ingeniero hablaba de un cliente difícil con el que tuvo que tratar. Estaba trabajando en la casa de este cliente y, sin querer, dio marcha atrás con su furgoneta sobre su precioso parterre. El cliente estaba obviamente molesto y le pregunté al ingeniero qué le había dicho:

'Lo siento, no vi el parterre. La política de la empresa es que tienes que rellenar un formulario si quieres una compensación'.

Le pregunté al ingeniero qué pasó después y me respondió:

'Se volvió loca, se enfadó aún más. Fue un gran alboroto por unas flores, no es el fin del mundo'. Teniendo en cuenta lo que has leído hasta ahora, reconocerás que el ingeniero

- No lo vi *como lo vio el cliente.*
- No se comunicaba a *nivel humano.*
- *Palabras* usadas *para evitar.*
- Hablamos de la *política de la empresa.*

Y se preguntaba por qué el cliente estaba tan molesto.

Le pedí al ingeniero que se pusiera en la situación del cliente.

Le pregunté cómo se sentiría si hubiera pasado mucho tiempo cuidando las flores de su jardín y un día una furgoneta destruyera totalmente su orgullo y alegría.

¿Cómo se sentiría si alguien le dijera que tiene que rellenar un formulario? Creo que el ingeniero acabó por entenderlo.

Consideremos lo que podría haber dicho:

'Me disculpo por haber destruido sus flores, señora Smith. Si tuviera un jardín no me gustaría que me pasara esto [humano]. ¿Estaría dispuesta a rellenar un formulario para contribuir a la pérdida de sus flores? [empresa]'

Es poco probable que el cliente se convierta mágicamente en un manso corderito cuando escuche esto. Pero es más probable que se vuelvan menos difíciles si sienten que el ingeniero realmente se preocupa por el error que ha cometido y se disculpa.

Probablemente esté pensando que es poco probable que oiga a un ingeniero de telecomunicaciones utilizar estas palabras. Sin embargo, si utiliza su propio lenguaje y una respuesta humana antes que una respuesta comercial, podría facilitarle mucho la vida.

Al tratar las necesidades humanas del cliente, es más probable que llegue a la parte comercial mucho más rápido y resuelva el problema.

Veamos otras técnicas para gestionar a una persona difícil.

ESCUCHA REFLEXIVA

A veces ocurre que una persona, cliente o colega interactúa con usted fuera de su programa pasivo. No están en un programa controlador o desafiante, pero si no se manejan bien, definitivamente podrían estarlo. Utilizarías la técnica de la escucha reflexiva si alguien estuviera confuso, preocupado, frustrado o simplemente molesto. No la utilizarías si la otra persona estuviera realmente enfadada y se comportara desde su programa desafiante o controlador. El objetivo principal es tratar los sentimientos del cliente y obtener más información. Una vez hecho esto, puedes ocuparte de su problema. Supongamos que un cliente se pone en contacto con usted y le dice:

"Estoy muy preocupado porque el cheque que les envié no aparece en mi extracto. Sé que lo envié antes de la fecha de vencimiento y espero que no se haya perdido en el correo".

Piensa por un momento en cómo debe sentirse el cliente

y refleja ese sentimiento. Podrías decir: 'Parece que te preocupa retrasarte en los pagos'.

El cliente puede confirmar que está preocupado o puede volver con: No estoy preocupado, pero no quiero incurrir en gastos de demora".

El cliente recibirá el mensaje subconsciente de que usted es una persona atenta porque reconoce su preocupación.

No basta con parecer preocupado, hay que decir algo.

Cuando el cliente se dé cuenta de que eres una persona atenta, conseguirás resolver la parte comercial mucho más rápido. De nuevo, si no se aborda el aspecto humano, el cliente podría seguir quejándose y poniéndose aún más difícil.

USAR LA EMPATÍA

Ya hemos hablado de esto antes: es una técnica excelente para difundir el comportamiento problemático de una persona difícil. La persona difícil puede estar en el programa de control o de desafío, pero al empatizar usted permanece en el programa de pensamiento. Tiene que ser una respuesta absolutamente genuina. Si intentas fingir, la otra persona se dará cuenta y acabarás con una persona aún más difícil.

¿Recuerdas lo que dije sobre el tono de voz y el lenguaje corporal? No se trata de estar de acuerdo con la situación de la persona difícil; se trata de aceptar que sus sentimientos y opiniones están bien para ella. Utiliza un lenguaje como:

- Entiendo que estés molesto.
- Me doy cuenta de que estás preocupado.
- Comprendo que piense eso.
- Aprecio lo que dices.
- Sé lo que quieres decir.

He aquí algunos ejemplos. El primero:

'Me prometiste que me llamarías y no lo has hecho'. Respuesta empática: 'Entiendo que debe ser muy frustrante'.

Decir eso es mucho mejor que una respuesta de programa pasivo como:

Lo siento mucho. No he tenido tiempo de llamarle por teléfono porque estamos muy ocupados. Eso invitará a una respuesta controladora o desafiante como:

'Si estáis ocupados, deberíais tener más personal'. Aquí va la segunda:

'Echa un vistazo a mi cuenta. Es demasiado alta, no

suelo gastar tanto en un mes". Respuesta de empatía: 'Entiendo lo que quieres decir. Parece mucho para un mes'. Eso es mucho mejor que una respuesta de control como:

'Este sistema no comete errores, así que si eso es lo que dice, debe ser correcto'.

Todo esto puede parecer muy sencillo, pero les pido que escuchen la respuesta de la otra persona la próxima vez que expresen sus preocupaciones sobre algo. Me gustaría sugerir que en la mayoría de los casos irán directamente a la parte comercial del problema, sin ningún tipo de respuesta humana. Piensa en cómo te sientes tú en esa situación.

Por supuesto, no todo son malas noticias. Hay personas que, naturalmente, responden de forma humana antes de tratar con el negocio. Una vez me robaron la cartera con todas mis tarjetas de crédito.

Estúpidamente, había dejado mi maletín, que contenía mi cartera, en la sala de formación de un hotel donde impartía un seminario. Como comprenderán, no me hizo ninguna gracia descubrir el robo y me enfadé y molesté, sobre todo por mi propia estupidez. Llamé a la empresa en la que están registradas mis tarjetas de crédito y le di mi nombre y número de cuenta a la persona que me atendió. Me contestó:

'Debe estar muy molesto, Sr. Fairweather, siento que le haya pasado esto. Antes de tomar cualquier detalle, ¿puedo comprobar si estás bien?

· · ·

Le expliqué que estaba enfadado y molesto, pero que me sentía mucho mejor tratando con alguien que parecía preocuparse. Supongo que si hubiera hablado con una persona menos humana podría haberle hecho pasar un mal rato. Esta mujer se ocupó de mis sentimientos, calmó mis emociones y luego se ocupó de mi problema.

Ponte de su lado

A veces es útil añadir otra frase a la respuesta de empatía, incluyéndose a sí mismo en la imagen. Si un cliente dijera:

"¡Odio que me hagan esperar!

Antes de dar una respuesta comercial como:

'Te traeré los formularios en los próximos minutos'. Es mucho mejor dar una respuesta humana:

Entiendo cómo se siente, a mí tampoco me gusta que me hagan esperar. Gracias por su paciencia, le daré los formularios en los próximos minutos".

Algunas personas se preocupan al utilizar esta respuesta, ya que creen que les llevará a: 'Bueno, ¿por qué no haces algo al respecto entonces?'

Sin embargo, la mayoría de la gente no responderá así si se da cuenta de que eres una persona razonable y solidaria. Si lo hacen, sigue empatizando y dile a la persona lo que vas a hacer con la situación.

PASOS DE TRANSICIÓN

Una vez que hayas alcanzado un nivel de compenetración con una persona difícil, puedes pasar a la parte comercial de la interacción para resolver el problema. Utiliza la empatía o pide disculpas, y da información y haz una pregunta. Por ejemplo:

Es un verdadero problema tratar de hablar con alguien en su negocio.

Hay que pasar por ese horrible sistema de menús que tienen, y luego hay que esperar mucho tiempo. Luego te dicen que todos los operadores están ocupados... ¡es una verdadera molestia!

Entiendo su frustración y siento que haya tenido que esperar tanto tiempo [empatía]. Esta es una parte del día muy ocupada para nosotros y estamos haciendo todo lo posible para responder a las llamadas lo más rápido posible [información]. Para no hacerle esperar más, ¿en qué puedo ayudarle? [pregunta]".

Tal vez el cliente esté en un programa desafiante, esté mucho más enfadado y le responda con:

No me digas que tengo que explicar todo esto otra vez.

Ya lo he hecho cientos de veces con todas las personas de tu organización".

Usted respondería con:

'Puedo entender que estés enfadado. A nadie le gusta tener que repetirse [empatía]. Si está dispuesto a explicarme la situación, me ayudará a resolver esto de la forma más rápida y precisa posible. ¿Está dispuesto a hacerlo?".

Reencuadre

Supongamos que el cliente rechaza la solución que usted le ofrece. Puedes reformular lo que dices para resolver la situación. Cuando el cliente dice:

'No quiero que me transfieran a otra persona. Ya me han pasado lo suficiente.

- Quiero que te ocupes de ello". Tú respondes:

Entiendo lo que dice, Sr. Smith, yo mismo he estado en esa situación y puede ser muy frustrante [empatía]. Para minimizar el tiempo que tardaremos en resolverlo, sería mejor que hablara con la persona que podrá responder a su pregunta mejor y más rápido que yo [reencuadre]'.

Quiero hablar con su gerente

Un cliente difícil suele decir:

'Quiero hablar con su gerente'.

Puede que no quieras que lo hagan porque:

Puede hacer que parezcas incompetente delante de tu jefe. Tendrías que explicarle todo.

Tiene toda la información necesaria para resolver el problema del cliente. Su trabajo es ocuparse del problema del cliente.

Se podría decir:

Entiendo por qué se siente así, Sr. Jones, y probablemente yo mismo querría hablar con un gestor [empatía]. Sin embargo, me gustaría ayudarle, y tengo toda la información delante de mí. Para que podamos resolver esto rápidamente, ¿estaría dispuesto a hacerme un resumen de la situación?

PREOCUPACIÓN VISIBLE-VOLUBLE

Esta es otra técnica que puedes utilizar con una persona difícil. Es útil cuando te das cuenta de que se ha cometido un error y de que la otra persona tiene derecho a estar molesta. Es una alternativa a pedir perdón, disculparse o utilizar una respuesta de empatía.

. . .

Pongamos un ejemplo. Un cliente le cuenta una situación en la que parece que se ha cometido un error. En cuanto el cliente termine de explicarlo, independientemente de que usted sepa con certeza que algo ha salido mal, usted respondería con:

'¡Oh, no, eso es terrible! Me ocuparé de ello personalmente y te llamaré". También puedes parafrasear las palabras del cliente en un tono más elevado: '¿No has recibido el papeleo todavía? Oh, no.

Su expresión, tono de voz y lenguaje corporal deben reflejar su preocupación. Es posible que tenga que utilizar esta respuesta varias veces cuando el cliente sienta que se ha cometido un error. A la larga, esto tendrá un efecto tranquilizador en ellos. Si sienten que usted está preocupado, se sentirán más seguros de que la situación se resolverá. Y si sigue con empatía puede ayudar a que el cliente se tranquilice aún más y sea más razonable.

A algunas personas les preocupa que esta respuesta pueda sonar falsa. Sin embargo, no sonará falsa si se trata de una respuesta genuina de tu parte. No puedes fingir, el cliente se dará cuenta de que estás siendo falso y se sentirá condescendiente. Las personas que trabajan en el servicio de atención al cliente suelen pensar que si admiten su culpabilidad, este tipo de respuesta defraudará a su empresa. Pero no es eso lo que estás haciendo; sólo estás mostrando a la otra persona que te preocupas por su situación.

Imagina esta situación. Un amigo te llama para decirte que ha tenido un accidente de coche y que, aunque no está herido, el coche está destrozado. O quizás te llamen para decirte que están esperando un bebé. Tu respuesta emocional a esta noticia parecerá y sonará como una preocupación visible.

Seguro que cuando algo va mal con otra persona, y sabes que es una queja genuina, las palabras que dices en tu cabeza pueden ser poco educadas. Esta técnica consiste en hacer que la otra persona oiga y vea tu preocupación, pero, por supuesto, sin las palabras descorteses.

Todas estas técnicas pueden utilizarse para gestionar a una persona difícil en cualquier circunstancia, no sólo a un cliente. Sin embargo, hay algunas acciones específicas que puedes llevar a cabo con un miembro difícil del personal, así que vamos a verlas con más detalle.

GESTIÓN DE PERSONAL DIFÍCIL

Uno de los mayores retos para los directivos es tratar con personal que:

- son negativos y se quejan
- tener una mala actitud
- llegar tarde e irse a casa temprano
- hacer menos que su mejor esfuerzo para ayudar a los clientes
- perder ventas
- tomar demasiados días de enfermedad
- desmotivar al resto del equipo.

Los directivos me preguntan continuamente qué deben hacer para gestionar al personal difícil. Algunos creen que hay algún tipo de solución rápida, un remedio mágico que resolverá todos sus problemas.

Pero la vida no es así: gestionar al personal difícil es un proceso diario y continuo.

Si creas el entorno adecuado para las personas que diriges, reducirás al mínimo el número de ocasiones en las que tengas que dirigir a un miembro difícil del equipo. La creación de ese entorno será mucho más fácil si empiezas a pensar en ti mismo como un gestor y más como un líder de equipo y entrenador.

¿Cuál es la diferencia?

. . .

Cuando pregunto a los participantes en un seminario 'Dígame qué hace un directivo. ¿Cuáles son sus funciones?". Suelen dar respuestas como:

- Planificación
- Control de costes
- Asignación de recursos
- Análisis de datos
- Entrevistando a
- Resolver problemas
- Trato con los clientes
- Otras funciones técnicas.

Cuando pregunto entonces: "¿Cuáles son las funciones de un entrenador?", escucho respuestas como:

- Liderando
- Motivación
- Escuchar
- Fomentar
- Identificar las necesidades de formación
- Comunicar las expectativas
- Creer en su gente
- Inspirando
- Ganar y obtener resultados.

Hay funciones cruzadas entre un directivo y un entrenador, pero permítame hacerle una pregunta: ¿Qué función va a ser la más importante para lograr tus objetivos y minimizar la posibilidad de tener que lidiar con miembros difíciles del equipo? ¿Es un gestor o un coach? Ahora sé lo que vas a decir: "Mi organización y mi jefe quieren que haga todas las cosas de gestión y así es como paso la mayor parte de mi tiempo". Pero recuerda siempre que, al final, se te juzgará por el éxito de tu equipo, más que por tu capacidad para completar un informe a tiempo.

Si quieres tener un equipo feliz y motivado que no se queje, que no se ausente del trabajo, que no te dé demasiados problemas y que genere resultados para tu empresa, tienes que dedicar mucho más tiempo a liderar y entrenar y mucho menos a gestionar.

DIRIGIR Y ENTRENAR CON ÉXITO

Pasar tiempo de calidad con cada miembro del equipo

Tiene que salir de su oficina o levantarse de su escritorio y pasar tiempo en el área donde el miembro de su equipo está haciendo su trabajo.

Tienes que conocer mejor a cada miembro de tu equipo tanto a nivel humano como empresarial en , y ellos tienen que conocerte a ti. Los líderes y entrenadores de éxito saben hacer todas las partes humanas del trabajo y todas las partes empresariales. No se trata de entrometerse en la vida del miembro del equipo, sino de mostrar interés por el individuo, y la mayoría de las personas responden positivamente a ello.

Si tienen quejas, preocupaciones o comentarios negativos, este es el momento de tratarlos. Dedicar tiempo y escuchar también enviará el mensaje de que te preocupas por ellos y demostrarás que estás ahí para ayudar con los problemas, tanto empresariales como personales. Puedes comunicarles las expectativas, animarles e inspirarles para que lo hagan aún mejor.

Darles retroalimentación y entrenarlos

Tienes que decirle a cada miembro de tu equipo con regularidad cuándo lo está haciendo bien y cuándo no. Cuando vea u oiga a uno de sus empleados hacer algo que le guste, ¡dígaselo! Cuando veas u oigas que hacen algo que NO te gusta, díselo. A continuación, puede entrenarles en el trabajo o identificar las necesidades de formación y acordar un camino a seguir.

La mayoría de los empleados quieren saber cómo están desempeñando su trabajo; quieren saber si lo están haciendo bien o cómo podrían hacerlo mejor.

Creer en cada individuo

. . .

Tienes que demostrar constantemente a cada miembro del equipo que confías y crees en ellos, con lo que dices, tu tono de voz y tu lenguaje corporal. Ellos percibirán rápidamente si no confías en ellos para realizar su trabajo y actuarán en consecuencia.

Si crees que no se puede confiar en que tu gente haga su trabajo, que llegará tarde y se irá a casa temprano, entonces eso es exactamente lo que harán. En cambio, si cree que su personal hará bien su trabajo, que se puede confiar en que tomará decisiones buenas para la empresa y que le dará un día de trabajo justo, entonces es más probable que eso sea lo que consiga.

Así que, ahí lo tienen. Los directivos de éxito saben que para sacar lo mejor de su gente deben pasar menos tiempo gestionando y más tiempo entrenando.

Sin embargo, la vida no es tan fácil, así que analicemos más detenidamente el segundo punto anterior. Al pasar tiempo en las áreas en las que trabajan los miembros de su equipo, va a ver y escuchar cosas que le gustan.

También va a ver y oír cosas que no le gustan (pero volvamos a eso).

. . .

LAS BUENAS NOTICIAS

Cuando vea, oiga o sea consciente de algo que un miembro del equipo hace bien, tiene que decírselo. Hay que hacerlo *ahora*, no la semana que viene, el mes que viene o en la próxima evaluación. Si lo retrasa, habrá perdido su impacto y el miembro de su equipo posiblemente no recordará de qué está hablando. Esto es un cumplido o un agradecimiento.

Ahora sé que algunos gerentes todavía tienen un problema con esto. Parecen pensar que están agradeciendo a un empleado por hacer simplemente aquello por lo que se les paga. Pues déjame asegurarte que esto es inmensamente poderoso.

Reducirá el número de problemas que pueda tener con los miembros de su equipo, reducirá la negatividad y contribuirá masivamente a su productividad.

Una de las mayores quejas de los empleados es que no reciben ningún reconocimiento por el trabajo que realizan. Todos queremos que nos reconozcan, nos acepten y nos den las gracias. Es exactamente lo mismo en tu vida privada. Si quieres que tus hijos vayan bien en la escuela, concéntrate en lo que hacen bien y dales muchos comentarios positivos. Esto les animará y motivará a hacerlo aún mejor y probablemente a mejorar las asignaturas en las que no van tan bien.

La otra ventaja de dar una retroalimentación positivo es que, si lo haces con regularidad, cuando llegue el momento de dar una retroalimentación menos positivo, es más probable que lo acepten. Los miembros de tu equipo te verán como un líder justo y directo, que siempre les dice cuándo lo están haciendo bien y cuándo no tanto. Y si todavía tiene dudas sobre esto, piense por un momento en alguna ocasión en la que alguien -su jefe, un profesor o cualquier otra persona de su vida- le haya dado una retroalimentación positiva.

¿Cómo te sentiste? ¿Te motivó a hacerlo aún mejor? Seguro que sí.

LAS NO TAN BUENAS NOTICIAS

Cuando pasas tiempo con tu equipo, verás, escucharás o te darás cuenta de ciertas cosas que no te gustan o que no puedes aceptar. Así que tienes que hacer algo al respecto. Hay tres cosas que puedes hacer:

- Ignorar.
- Reprender.
- Entrenar.

Veamos cada una de ellas por separado.

1. Ignorar

Muchos directivos ignoran el mal comportamiento de un miembro difícil del equipo por varias razones:

No quieren las molestias. Creen que podría llevar a una discusión y la situación podría empeorar. Además, podría causar malos sentimientos en el equipo y acabarían con personas aún más difíciles.

No tienen tiempo. Esta puede ser una razón genuina, pero a menudo es sólo una excusa para evitar la molestia.

A veces, el director cree que es mejor esperar hasta la siguiente evaluación.

Esperan que se resuelva por sí solo. Quizás no vuelva a ocurrir o el miembro del equipo deje de ser difícil.

No saben qué hacer. A algunos directivos no se les ha enseñado ni se les ha formado sobre cómo manejar a un miembro difícil del equipo. Tal vez por eso están leyendo este libro.

. . .

Las consecuencias de ignorar son:

El resto del equipo se desmotiva. Saben lo que está pasando; pueden ver lo que está sucediendo. Si no hace algo con respecto al mal comportamiento o a una persona difícil, perderá el respeto del resto de su equipo.

Su negocio se ve afectado. Si tienes una persona difícil o de bajo rendimiento en tu equipo, los resultados se van a resentir.

El miembro del equipo sigue comportándose mal. Piensa que no le importa y no ve ninguna razón para mejorar.

Ignorar a un miembro difícil de tu equipo no es una opción, es una salida fácil y sólo te hará la vida más difícil.

2. **Reprender**

Muchos directivos tratan a los empleados difíciles con mano dura. Les advierten de lo que ocurrirá si no se comportan bien. Los resultados de las reprimendas son:

El personal está totalmente desmotivado. El miembro del equipo "se desconecta" y se limita a cumplir con el trabajo diario. (¿Te has sentido alguna vez motivado después de recibir una reprimenda?)

. . .

Propagan el descontento en el resto del equipo.
Además de rendir mal o de quejarse ante ti, se quejan ante
el resto del equipo.

**Dan un mal servicio a los clientes y a los compañe-
ros. Su negocio sufre y, en última instancia, usted
sufre.**

Puede que se vayan. Puede que pienses que esto es algo
bueno, pero quizá te complique la vida a corto plazo.

Y acabes teniendo que entrevistar y formar a una nueva
persona.

Mejoran y dejan de ser difíciles. Es posible, pero muy
poco probable. Pueden mejorar a corto plazo, pero tarde o
temprano vuelven a ser difíciles.

3. **Entrenar.**
Esta es la mejor opción. No se trata de un enfoque de
tacto. Se trata de averiguar la causa del mal rendimiento o
del comportamiento difícil y de discutir con el miembro del
equipo cómo corregirlo.

. . .

Anteriormente hemos analizado la posibilidad de dar una retroalimentación positiva. Si lo haces con regularidad, es más probable que el miembro difícil del equipo escuche lo que tienes que decir cuando el mensaje no es tan positivo.

El coaching tiene enormes beneficios que superan todos los puntos que se mencionan en el apartado de ignorar y reprender.

Si lo haces bien, tendrás a un miembro del equipo más feliz que rinde bien y no te hace pasar malos ratos.

CÓMO ENTRENAR

Hágalo ahora. No espere hasta la próxima evaluación: solucione el problema en cuanto se dé cuenta de él.

Hazlo en privado. Tiene sentido, pero a menudo un directivo da a conocer sus pensamientos delante de todo el equipo creyendo que todos se beneficiarán. Créeme, ¡no lo harán!

No te vayas por las ramas. Diles lo que sientes por su comportamiento.

.   .   .

No hables de la empresa ni de otros miembros del equipo. Tú eres el director y es a ti a quien tiene que complacer el miembro del equipo.

Utiliza muchos mensajes "yo". Di cosas como: "Acabo de oírte hablar con un cliente y no estoy contento con la forma en que le has hablado.

Estoy dispuesto a escuchar lo que tienes que decir. Sin embargo, tenemos que ponernos de acuerdo sobre lo que ocurrirá en el futuro, porque ese comportamiento nos hará perder clientes y no estoy dispuesto a aceptarlo".

Sé muy específico y céntrate en una cosa cada vez. No acumules toda una lista de comportamientos que hayas ignorado previamente. Eso no es coaching, es volver a reprender y no se trata de eso.

Sea muy descriptivo sobre lo que le preocupa. Diga cosas como: 'Te he oído hablar con un cliente y te he oído decir que no era tu responsabilidad y que no podías ayudarle. Estas no son las palabras que quiero que digas. Sin embargo, estoy dispuesto a escuchar...".

Escuche lo que tienen que decir. Es importante conocer la opinión de los miembros del equipo. Tal vez se quejen siempre del trabajo porque tienen problemas personales en casa. Es importante que propongan una solución para resolver su difícil comportamiento. Si no lo hacen, puedes hacer sugerencias, pero lo que realmente buscas es su aceptación.

No lo hagas personal. Esto puede ser un reto, pero lo que quieres hacer es discutir el comportamiento de la persona en lugar de su personalidad. No se trata de un ataque a la persona, sino de un comportamiento relacionado con el trabajo. No se trata de decir: "Tienes una mala actitud", "Eres una persona problemática" o "No te importa nadie más que tú mismo". Como he dicho antes, utiliza muchos mensajes con "yo" y di cosas como: 'Me disgusta que tu informe llegue tarde por tercera vez, John, y estoy dispuesto a escuchar lo que tienes que decir y acordar cómo resolvemos esta situación'.

Créeme, una vez que empieces a aplicar esto harás tu vida mucho más fácil, tendrás menos estrés y empleados más productivos. Aquí tienes otras técnicas que puedes utilizar.

UTILIZANDO SUS HABILIDADES DE SERVICIO AL CLIENTE

Cuando gestiones a un miembro difícil del equipo, puedes utilizar las habilidades que detallamos anteriormente sobre cómo gestionar a un cliente difícil. Puedes usar la empatía y decir:

· · ·

Entiendo que se sienta así. Es difícil en este mercado conseguir más negocio y mantener a los clientes contentos'.

Es importante que escuches y demuestres que estás escuchando: entenderás mucho mejor a cada individuo a nivel personal y cómo está llevando el trabajo. También puede darte una idea de por qué son negativos y se quejan siempre. A algunas personas les gusta quejarse de vez en cuando, y el mero hecho de que les escuches puede minimizar la cantidad de negatividad. A menudo, lo único que quieren es que se les reconozca, tal y como comentamos en el capítulo 1.

BUSCAR LO POSITIVO

Esta es otra forma de gestionar a un miembro del equipo que está siendo difícil o negativo. Intenta concentrarte en lo que hacen bien y háblales de ello. Busca algo positivo en lo que hace, por muy trivial que sea. No es necesario exagerar, pero di, por ejemplo, que llegan antes de lo normal y empiezan a trabajar. Díselo:

Me alegro de verte, Brian. Gracias por empezar antes de lo normal, te lo agradezco".

· · ·

Dedique menos tiempo a discutir los temas negativos o incluso ignórelos. No es raro que los directivos inviertan el 90% de su energía en responder a los resultados negativos y sólo el 10% en reforzar los resultados positivos. Déjeme darle otro ejemplo de lo que quiero decir.

Tratar a la gente como a un perro

Sé que van a pensar que estoy un poco loco (probablemente sea cierto), pero tengan paciencia con esta historia.

Me gustan mucho los perros. De momento no tengo uno porque no es práctico. Tanto si tienes un perro como si no, seguro que sabes que hay que adiestrarlo en casa.

Cuando es un cachorro, viene directamente de la perrera y espera seguir haciendo sus necesidades donde y cuando le apetezca. Por lo tanto, usted tiene la difícil tarea de adiestrar al cachorro para que haga lo que la naturaleza exige, pero en otro lugar y preferiblemente en el exterior.

He tenido cuatro perros a lo largo de mi vida y todos han tenido que ser adiestrados en casa. También he observado a otras personas entrenando a sus perros.

Recuerdo a uno de mis vecinos con su nuevo cachorro. Cada vez que el cachorro hacía sus necesidades en la alfombra del salón, o donde fuera, mi simpático vecino agarraba al perro y le decía "perro malo, perro sucio" y "¡no vuelvas a hacer eso!

Muchos gritos y sacudidas al pobre chucho. El perro, por supuesto, aprendió rápidamente el mensaje de que hacer el ya sabes qué era algo malo. En la antigua perrera estaba bien, pero aquí era totalmente diferente y obviamente no era aceptable. Así que tardamos una eternidad en enseñar al pobre perro que seguía estando bien hacerlo, pero que tenía que ser fuera.

Yo, por el contrario, como soy muy inteligente y también quiero acabar cuanto antes con todo el tema del adiestramiento en casa, tomé otro camino. No perdía de vista al cachorro y muy pronto me daba cuenta de que quería irse. Lo cogí rápidamente y salí por la puerta. En cuanto el perro hacía lo que tenía que hacer en el jardín, yo le alababa mucho: "Bien hecho", "Buen chico" y muchos ruidos de alegría. El cachorro pronto se dio cuenta de que cuando le apetecía hacer sus necesidades, se emocionaba y se dirigía a la puerta trasera. Sabía que eso significaba muchas cosas buenas: diversión, elogios, alguna gota de chocolate y, por supuesto, alivio físico.

¿Qué tiene que ver todo esto con la gestión de personas difíciles? Demasiados directivos dedican demasiado tiempo a concentrarse en lo que un miembro del equipo puede estar haciendo mal. Creen que su papel es arreglar lo que perciben que está roto. En el lado positivo, pueden arreglar el problema con entrenamiento en el trabajo o con formación adicional. Sin embargo, muchos adoptan la actitud de que el tratamiento de perro malo servirá para solucionar el problema.

Cuando pase tiempo con su equipo, escuche lo que dicen y observe lo que hacen. Cuando veas o escuches que hacen algo bien, dales una retroalimentación positivo. Como se dice en el libro *One Minute Manager:*
'Pillar a la gente haciendo algo bien'.

Esto no quiere decir que se ignore el mal comportamiento, sino que se trata de concentrarse en lo que la gente hace bien. De este modo, se fomentará más el buen comportamiento y mucho menos el malo.

Piensa: Elogiar, no castigar.

Si se premia el buen comportamiento, se obtendrá más. Si recompensas el mal comportamiento, obtendrás más.

Hay que decir, por supuesto, que algunas personas difíciles pueden no responder al coaching, así que aquí hay algunas reflexiones adicionales

. . .

LA VERDAD SOBRE EL PERSONAL QUE NO PUEDE RENDIR

Cuando empecé mi primer trabajo como aprendiz de ingeniero, enseguida me di cuenta de que algunos de mis compañeros no deberían estar en ese puesto. Simplemente no tenían la aptitud o la capacidad para la ingeniería. En aquella época, y no me refiero a la época victoriana, la selección de personal no era muy sofisticada. Todos los aprendices de ingeniería en ciernes eran entrevistados por un capataz y, si le gustaba tu aspecto, el trabajo era tuyo.

Tuve la suerte de ser entrevistado por un capataz que, en su tiempo libre, era capitán de la Brigada de los Muchachos. Yo era miembro de otra compañía de los BB, así que, adivinen qué, conseguí el trabajo. Ni a mí ni a ninguno de mis compañeros aprendices se nos sometió nunca a una prueba de aptitud, ni a ningún talento natural que pudiéramos tener para la ingeniería.

En consecuencia, muchos aprendices no deberían haber estado allí en primer lugar. Sin embargo, la mayoría de ellos se esforzaron y obtuvieron el título de ingenieros de tiempo completo. El problema es que no resultaron ser ingenieros especialmente buenos y, también sugiero, que no fueron ingenieros especialmente felices.

· · ·

He conocido a personas de atención al cliente que no deberían estar cerca de un cliente, a asistentes de secretaría que no sabían deletrear o escribir a máquina con la suficiente rapidez, a ingenieros que no sabían leer los planos y a fontaneros que no sabían desatascar.

Si tienes a alguien en tu equipo que es incapaz de hacer el trabajo y no puede aprender, y te está haciendo la vida difícil, entonces tienes que transferirlo a algo que pueda hacer, o aconsejarle y ayudarle a encontrar otro empleo.

Sé que esto puede parecer duro y que no siempre es fácil o factible despedir a la gente, pero nunca conseguirás tus resultados con la persona equivocada en el puesto. El negocio puede sufrir y corres el riesgo de desmotivar a los demás miembros de tu equipo. No querrán a alguien en el equipo que no pueda hacer el trabajo.

Un cliente mío se dio cuenta de que la persona de atención al cliente que había contratado recientemente no podía soportar la presión de los clientes y las situaciones difíciles. Se dieron cuenta de que la formación no resolvería la situación, así que la trasladaron a un puesto en el que elaboraba presupuestos y no tenía que hablar con el cliente.

. . .

Lo que tienes que hacer es poner a la gente que no puede hacer el trabajo en un trabajo que sí pueda hacer, o sacarlos de tu equipo.

Me incorporé a tres empresas como directivo y, en todos los casos, heredé miembros del equipo que no tenían lo necesario para hacer el trabajo. Normalmente encontraba tres categorías de personas en los equipos. El primer grupo eran los buenos, los que sabía que podían hacer el trabajo y no me darían problemas. El segundo grupo estaba formado por personas que necesitaban un poco de atención, vigilancia y, sin duda, algo de entrenamiento.

El tercer grupo era el de los que no tenían ni las habilidades ni las características para hacer el trabajo y ninguna cantidad de formación o nada que pudiera hacer cambiaría eso.

A menudo me encontraba con que estas personas, debido a su falta de éxito, no estaban precisamente contentas en su puesto de trabajo y a veces estaban muy contentas de ser transferidas a otro puesto.

Te oigo decir: "Es más fácil decirlo que hacerlo, Alan", y tienes razón. Pero el directivo que tiene éxito tiene que abordar estas cuestiones y hacer frente a los problemas por el bien del equipo y de la empresa.

Conclusión

Gestionar personas difíciles es un reto al que todos nos enfrentamos en algún momento de nuestra vida. Puede tratarse de alguien con quien trabajas, para quien trabajas o que trabaja para ti. En su vida personal tiene amigos y familiares o la gente de al lado, que en ocasiones pueden ser difíciles. A lo largo de este libro he insistido en que es mejor prevenir que curar. Si te siguen doliendo las muelas, no tiene mucho sentido seguir corriendo al dentista para solucionar el problema. Eso te causa un dolor físico y económico. Es mucho mejor cepillarse los dientes dos veces al día, usar hilo dental y hacerse una revisión dos veces al año. Sin embargo, algunas personas consideran que eso es demasiado complicado y prefieren arriesgarse al dolor de muelas.

Pero si haces pequeños cambios en tu comportamiento, se convierten en hábitos que te hacen la vida mucho más fácil, minimizan el número de personas difíciles de manejar (y acaban con el dolor de muelas).

Elige tu comportamiento, no permitas que los demás lo elijan por ti. No te dejes enganchar por lo que dicen o hacen los demás. Cambia a tu programa de pensamiento antes de abrir la boca o pasar a la acción. Elige ser asertivo cuando lo necesites; permitirte ser sumiso o agresivo te hará la vida mucho más difícil.

Conviértase en un poderoso persuasor desarrollando su capacidad de venderse a sí mismo. Persuadir a los demás implica una mejor capacidad de escucha y de comunicación a nivel emocional.

Cuando te enfrentes a una persona difícil, ya sea un colega o un cliente, ten siempre presente que puede ver el mundo de forma diferente a la tuya. Empatiza con su punto de vista y ofrece soluciones que garanticen un resultado beneficioso para todos.

Le deseo mucho éxito.